Beck'sche Elementarbücher

HERMANN MÜLLER-KARPE

Einführung in die Vorgeschichte

VERLAG C.H.BECK MÜNCHEN

CIP-Kurztitelaufnahme der Deutschen Bibliothek

Müller-Karpe, Hermann
Einführung in die Vorgeschichte
(Beck'sche Elementarbücher)
ISBN 3 406 05752 7

ISBN 3 406 05752 7

Die Abbildung auf dem Umschlag
gibt die gemalte Innendarstellung einer Schale von Samarra, Irak, wieder
(5. Jahrtausend v. Chr.): von riesigen Skorpionen
bedrohte Frauen erheben die Hände in einer Adorationsgeste

Umschlagentwurf: Walter Kraus, München

Gesamtherstellung: C.H.Beck'sche Buchdruckerei Nördlingen
Printed in Germany

Inhalt

Vorwort

Vor genau einhundertfünfzig Jahren – 1824 – erschien erstmals eine Einführung in die Vorgeschichte (von J. G. G. Büsching, Breslauer Ordinarius für „Historische Hilfswissenschaften und deutsche Altertümer", mit dem Titel „Abriß der deutschen Altertumskunde"). Seitdem ist die Erforschung der frühen Menschheitsgeschichte mächtig gefördert und auf nahezu alle bewohnten Erdgebiete ausgedehnt worden. Die Ergebnisse dieses intensiven Bemühens gehören heute großenteils zum festen Bestand unseres historischen Bewußtseins.

Dabei haben diese die Vorzeit betreffenden Aspekte der historischen Forschung – und unseres Geschichtsbewußtseins – den Vorzug, daß sie sich auf Zeugnisse gründen, die unserer Anschauung unmittelbar zugänglich sind, so daß wir Heutigen dieser Vorzeit in konkreten Verwirklichungen frühmenschlicher Geschichtlichkeit begegnen können. Diese Denkmäler, Funde und Befunde bilden die immer aufs neue heranzuziehende Grundlage unserer Erkenntnis über die frühe Entwicklung und Ausprägung der Kultur, der gesellschaftlichen und wirtschaftlichen Verhältnisse, der Geistigkeit und Religion. Daher muß am Beginn einer Einführung in die Vorgeschichte die Aufforderung stehen, möglichst ausgiebig und gründlich diese Zeugnisse menschlicher Vorzeit, wie sie sich uns heute darbieten, kennenzulernen: die Höhlen, Ringwälle und Siedlungsplätze, die Grabhügel, Megalithgräber, Felskammergräber und gebauten Grabmonumente, die Tempelruinen und Heiligtümer anderer Art sowie die in den Museen aufbewahrten Funde und die anschaulichen Dokumentationen sorgsam registrierter Grabungsbefunde. Dies sei hier eigens vor allem deswegen betont, weil dieser wesentliche Bestandteil eines Zuganges zur Vorgeschichte und deren Verwertung als lebendiges Element unseres Geschichtsbewußtseins im Folgenden nicht eigens angesprochen, aber doch vorausgesetzt wird.

Natürlich kann eine Einführung in die Vorgeschichte in sehr unterschiedlicher Art und Weise erfolgen. Die hier unternommene ist nur eine von mehreren Möglichkeiten. Es erscheint müßig, näherhin erklären – oder rechtfertigen – zu wollen, weshalb diese und nicht eine andere Art gewählt oder weshalb vieles im Grunde auch Einschlägige und Wichtige nicht oder nicht ausführlicher behandelt wird.

Die folgende Einführung gibt eine Vorlesung wieder, die im Sommer 1974 an der Universität Frankfurt a. M. gehalten wurde. Ihre Publikation in einer Reihe von „Elementarbüchern" geschieht bei allem Eingeständnis ihrer Bedingtheit und Unvollkommenheit in der Überzeugung, daß eigentlich jeder ernstgemeinte Versuch, einen größeren Kreis von Interessierten in die Vorgeschichte – gleicherweise als historisches Phänomen wie als Wissenschaft – einzuführen, über den institutionellen Rahmen einer Universitätsvorlesung hinaus einem elementaren allgemeinmenschlichen Erkenntnisanliegen dient.

Den Mitgliedern des Institutes für Vorgeschichte der Universität Frankfurt danke ich für ihre kritische Durchsicht der Fahnen und – insbesondere I. Kubach-Richter und A. v. Schebek – für ihre Hilfe beim Korrekturlesen.

Frankfurt a. M., September 1974 H. Müller-Karpe

I. Definition und Stellung der Vorgeschichte im Rahmen der Gesamtgeschichte

Als *Vor*geschichte wird der *vor*dere Abschnitt der Geschichte bezeichnet. Beiden Begriffen, sowohl dem partikularen als auch dem Gesamtbegriff, sind verschiedene Aspekte eigentümlich, die in höchst bezeichnender Weise wechselseitig miteinander verflochten, gleichwohl aber auseinanderzuhalten sind.[1] Beide Begriffe enthalten erstens den in der Ableitung von ‚*Geschehen*' zum Ausdruck kommenden Aspekt von ‚Geschichte', hier verstanden als geschehene Wirklichkeit selbst in all ihrer Vielgestaltigkeit und Weite, zweitens den in dem Begriff ‚*Historie*' (das ‚Erkennbare', das ‚Erforschte', ein Wort, das aus dem Griechischen über das Lateinische zu uns gekommen ist) anklingenden Aspekt von ‚Geschichte' als dem, was von der geschehenen Wirklichkeit unserer forschenden Erkenntnis zugänglich ist, das heißt, was an Geschehnissen aus der zeitlichen Vergangenheit eben nicht restlos vergangen ist, sondern durch Zeugnisse in unserem Wissen gegenwärtig gemacht werden kann.

Neben diesem Doppelaspekt von Geschichte – und dementsprechend von Vorgeschichte (Prähistorie) – steht ein zweiter, der sich auf die Reichweite dessen bezieht, was unter ‚Geschichte' verstanden wird: *eine* Geschichte im Sinn von einer Begebenheit, oder *die* Geschichte einer partikularen Erscheinung (eines Menschen, einer Gemeinschaft, einer Institution) oder schließlich *Geschichte* (ohne Artikel) im Sinn von universalmenschlicher Geschichte. Dementsprechend wird auch der Begriff ‚Vorgeschichte' in sehr unterschiedlicher – nicht nur gestaffelter – Weise gebraucht: bezogen auf ein einzelnes Geschehen (‚Vorgeschichte des Weltkrieges'), auf eine einzelne Gemeinschaft oder Kultur (‚Vorgeschichte der Griechen') oder schließlich Vorgeschichte schlechthin, im Sinne von vorderem Abschnitt der universalen Menschheitsgeschichte.

Ebenso wie bei der allgemeinen (oder Gesamt-) Geschichte kein einfach-geradliniger Weg von den einzelnen Geschichten durch deren Addition zur Geschichte als übergreifendem Phänomen führt, sondern dazu ein neuer denkerischer Ansatz in Gestalt sowohl eines neuen Geschichtsbewußtseins als auch einer neuen Einstellung zu den verfügbaren Geschichtsquellen notwendig ist, so auch bei der Vorgeschichte. Zu einem Verständnis von Vorgeschichte als übergreifendem Phänomen gelangt man ebenfalls nicht, indem man die vielen einzelnen Vorgeschichten nebeneinandersetzt. Auch hier bedarf es sowohl eines universalhistorischen Blickwinkels als auch einer darauf ausgerichteten Grundeinstellung zu den Zeugnissen und ihrer geschichtswissenschaftlichen Beurteilung.

Mit diesen verschiedenen Aspekten bzw. Bedeutungsgehalten der Begriffe ‚Geschichte' und ‚Vorgeschichte' hängt zusammen, daß hinsichtlich der Begrenzung des *vorderen* Teiles der Gesamtgeschichte, der als Vorgeschichte bezeichnet wird, in unserem Sprachgebrauch keine Übereinstimmung herrscht. Ausgehend von der Verwendung des Begriffes Vorgeschichte in der Alltagssprache (z. B. Vorgeschichte eines Unglückes oder einer Revolution), wobei darunter die erkennbaren Verhältnisse, Geschehnisse, Bewegungen und Motive verstanden werden, die zu dem betreffenden Faktum geführt haben, und die als solche zu dessen historischem Verständnis nicht nur dazugehören, sondern von entscheidender Wichtigkeit sind, die aber zeitlich *vor* dem angesprochenen Geschehen als solchem liegen, wird vielfach bei den einzelnen Völkern, Kulturen und Geschichtsräumen der jeweils *vor* dem Beginn schriftlicher Zeugnisse liegende Abschnitt als Vorgeschichte bezeichnet: also in Mesopotamien und Ägypten die Kulturen vor etwa 3000 v. Chr., im Indusgebiet diejenigen vor etwa 2300 v. Chr., in Anatolien diejenigen vor etwa 1900 v. Chr., in Griechenland diejenigen vor etwa 800 v. Chr. (bzw., sofern man die mykenische Linearschrift B hinzunimmt, vor etwa 1400 v. Chr.), in Italien diejenigen vor etwa 500 v. Chr., in Süddeutschland und weiter westlich diejenigen vor etwa 50 v. Chr., in Norddeutschland diejenigen vor etwa 800 n. Chr., in Südskandinavien diejenigen vor etwa 1000 n. Chr. und in Rußland diejenigen vor etwa 1200 n. Chr.; in anderen Gebieten der Erde endet das auf diese Weise zur Vorgeschichte Gerechnete sogar noch später, z. T. erst im vorigen Jahrhundert.[2] Ob man dabei von der Annahme ausgeht, das Schreibenkönnen verkörpere eine bestimmte Bewußtseinsstufe, nämlich ein Geschichtsbewußtsein, das erst den Menschen und seine Geschichte zum lohnenden Gegenstand der Geschichtsforschung mache – wie es Hegel erstmalig aussprach[3] –, oder ob man aus wissenschaftstheoretisch-methodologischen Gründen sich auf schriftliche Zeugnisse beschränkt und dann eben nur die von diesen erhellten Bereiche der Geschichte in den Blick bekommt – wie es noch in neuerer Zeit mitunter geschieht[4] –, in jedem Fall wird die Definition der Vorgeschichte im Verhältnis zur Schriftgeschichte bzw. im Rahmen der Gesamtgeschichte abhängig gemacht von dem erstmaligen Auftreten einer bestimmten geschichtlichen Errungenschaft, die offenkundig gleicherweise für die Geschichte im Sinne von Geschehen als auch für die Geschichte als Wissenschaft eine gewichtige Zäsur bedeutet.

Wie hier der Schriftbeginn, so werden mitunter auch Ereignisse anderer Art als Beginn der ‚eigentlichen' Geschichte gewertet, dem gegenüber das Vorangehende als Vorgeschichte gilt, z. B. in der christlichen Theologie der Bund Gottes mit seinem Volk[5] oder im Marxismus der Beginn der sozialistischen Bewegung.[6]

Diese je besonderen Vorgeschichten stimmen bei aller sonstigen Unterschiedlichkeit darin überein, daß sie gegenüber einem Folgenden gleichsam negativ definiert sind. Demgegenüber läßt sich Vorgeschichte als universalhistorischer Abschnitt aber auch positiv auffassen, indem man ihm nicht bestimmte Phänomene, sondern einen einheitlichen Zeitraum zugrundelegt. Von den sich in dieser Hinsicht bietenden Möglichkeiten dürfte diejenige am sinnvollsten sein, diesen vorderen Abschnitt der Geschichte von den Anfängen bis zur ersten Hälfte des letzten vorchristlichen Jahrtausends dauern zu lassen, also bis zu den kulturellen und geistigen Aufbrüchen, die vom 8. bis zum 6. Jahrhundert v. Chr. in vielen altweltlichen Geschichtsräumen eine neue Epoche heraufführten: im griechischen Bereich Homer und Hesiod (8. Jh. v. Chr.) sowie die jonischen Naturphilosophen (Thales, Anaximander, Pythagoras: 6. Jh. v. Chr.), d. h. der Beginn dessen, was als Antike oder klassisches Altertum bezeichnet wird, in Italien die großgriechischen Kolonien (8./7. Jh. v. Chr.) und schließlich in Rom der Beginn der Republik (um 500 v. Chr.), in Westasien die auf die Königszeit Israels folgende religiöse Bewegung der großen Propheten (Jesaja, Jeremia usw.: 8./7. Jh. v. Chr.), in Persien diejenige Zoroasters (etwa 6. Jh. v. Chr.), in Indien diejenige Buddhas (6. Jh. v. Chr.), in China die Wirksamkeit von Konfutse und Laotse (6. Jh. v. Chr.), insgesamt also jenes Zeitalter, das bei aller Eigengeartetheit der damals entstandenen regionalen Ausprägungen der Geschichtlichkeit doch insgesamt einen neuen Abschnitt der universalen Menschheitsgeschichte verkörpert (K. Jaspers nannte ihn ‚Achsenzeit').[7]

Erscheint es sinnvoll, die vor dieser geistigen Umbruchszeit liegenden Teile der Gesamtgeschichte als Vorgeschichte zu bezeichnen, so besteht über deren Beginn im Prinzip Einmütigkeit: er fällt mit den Anfängen der Menscheit zusammen.[8] So uneingeschränkt dem zugestimmt werden kann, so problemerfüllt ist dieser Beginn als solcher, und zwar sowohl im Hinblick auf die theoretische Beurteilung dieses Geschehens als auch hinsichtlich dessen, was davon für uns wissenschaftlich (d. h. aufgrund dafür aussagefähiger Befunde und deren methodisch begründbarer Interpretation) erkennbar ist. Was das letztere anlangt, so stehen dafür somatisch-anthropologische Daten sowie solche archäologischer Art zur Verfügung. Sie lassen erkennen, daß überaus enge gestaltliche Beziehungen und Übergänge zwischen pithecinen Wesen und solchen, die bereits als hominid zu bezeichnen sind, bestehen und daß die allerältesten, als solche gesicherten Werkzeuge überaus einfach sind. Jedoch muß man in Anbetracht des gewaltigen Auseinanderklaffens von geschehener Wirklichkeit und davon uns empirisch Zugänglichem bedenken, daß aus diesen Befunden – so unschätzbar bedeutsam sie sind – natürlich über den Vorgang der Menschenentstehung und damit den

Geschichtsbeginn als solchen nichts Gültiges in Erfahrung gebracht werden kann. Vor allem bleibt es vor dem Hintergrund des vorhandenen Quellenmaterials völlig offen, inwieweit der von naturwissenschaftlicher Seite zu gewinnende Eindruck einer fließenden gestaltlichen Evolution und einer Verwobenheit des Menschen mit der außermenschlichen Natur geeignet ist, das auf eine prinzipiell andere Betrachtungsebene, nämlich zur Geschichte gehörige Problem der Herausbildung des Menschen (Hominisation) zu erhellen. Geht man davon aus, daß trotz aller Verflochtenheit des Menschen mit der übrigen Lebewelt das für ihn Wesensspezifische, d. h. das seine Geschichtlichkeit Konstituierende, sein auf den Geistbesitz gegründetes Bewußtsein ist, so wird man die uranfängliche Entstehung dieses Bewußtseins als wahren Beginn der Geschichte vorauszusetzen haben. Aber es liegt auf der Hand, daß diese frühesten, ganz entwicklungsanfänglichen Urausprägungen des Bewußtseins sich einer wissenschaftlichen Erforschung entziehen. Die ältesten uns zur Verfügung stehenden Kulturzeugnisse in Form von primitiven Steingeräten vermögen auf dieses Entstehungsstadium sicher kein Licht fallen zu lassen, nicht nur wegen der schwierigen Datierbarkeit bzw. Verifizierbarkeit der ältesten Artefakte, sondern vor allem, weil völlig offenbleibt, in welchem Grad von Unmittelbarkeit das Urbewußtsein der frühesten Menschen sich in diesen ältesten technischen Leistungen manifestiert. Aber auch von der vergleichenden Verhaltensforschung sind hier wohl keine entscheidenden Aufschlüsse zu erwarten, erstens weil das derzeit verfügbare Beobachtungsmaterial noch viel zu lückenhaft ist, und zweitens, weil prinzipiell nicht einsichtig ist, inwiefern Beobachtungen möglicher oder tatsächlicher Verhaltensanalogien zwischen Pongiden und Menschen etwas wesenhaft anderes beweisen können als die durch die Fossilfunde erwiesene Tatsache der fließenden Grenzen zwischen den Formmerkmalen von Mensch und Tier, die es unmöglich machen, von einer bestimmten gestaltlichen Ausprägung (aufrechter Gang, freie Hand, Schädelkapazität, Kiefer- und Zahnreihenform) auf eine geistige Verhaltensweise zu schließen. In welchem Verhältnis diese beiden Phänomene bei den einzelnen fossilen Hominidenformen zueinander standen, ist – so müssen wir eingestehen – ein völlig offenes Problem.

Wenn somit als vorderer Abschnitt der Geschichte, d. h. als Vorgeschichte im universalen Sinne, die Zeitspanne vom Beginn der Menschheit bis zur ersten Hälfte des letzten vorchristlichen Jahrtausends bezeichnet wird, so ergibt sich daraus, daß für die Erforschung des so Definierten eine Reihe historischer Forschungszweige zuständig sind und tunlich zusammenwirken müssen. Vor allem kommt hier eine landschaftliche Differenzierung zur Geltung, die bei der je besonderen Eigenart der in den einzelnen Geschichtsräumen vorhandenen und aufgrund landesarchäologischer Erforschung laufend vermehrten Denkmälerbestände vielfach zur Ausbildung regionaler Forschungstraditionen und zu einer Spezialisierung in der akademischen Lehre, im allgemeinen Kenntnisstand, in der wissenschaftlichen Forschung der Institute, Museen und Denkmalämter sowie in den Fachzeitschriften und -tagungen geführt hat. Diese Regionaldifferenzierung und -spezialisierung der Vorgeschichtsforschung betrifft nicht nur Großbereiche wie Europa,[9] den Vorderen Orient,[10] Zentral- und Südafrika,[11] Süd- und Ostasien,[12] den amerikanischen Doppelkontinent[13] usw., sondern vielfach – vor allem in Europa – engere Gebiete.[14] Dabei sind in der Regel jedoch neben dieser Spezialisierung gebietsübergreifende Forschungen und Betrachtungen geläufig, die ihren sinnfälligen Ausdruck in den regelmäßig stattfindenden internationalen Vorgeschichtskongressen finden.[15]

In diesem Rahmen nehmen die altorientalischen Hochkulturen eine Sonderstellung ein, vor allem diejenigen Ägyptens[16] und Mesopotamiens,[17] dann auch diejenigen der bronzezeitlichen Hethiter Anatoliens[18] und des bronzezeitlichen sowie früheisenzeitlichen China.[19] Nicht gilt das von der im Industal verbreiteten Harappa-Kultur und der Kretisch-Mykenischen Kultur, die zwar aufgrund ihres Schriftbesitzes zu den Hochkulturen zu rechnen sind, deren Schriftzeugnisse aber für die Erforschung wenig ergiebig sind, da man sie entweder noch gar nicht entziffert hat, wie im Falle der Harappa-Kultur, oder sie nur zum geringsten Teil lesbar und dann recht wenig inhaltsreich sind, wie im Fall der mykenischen sog. Linear B-Schrift, so daß hier – wie anderwärts im Bereich der Vorgeschichte – als Quellen für die historische Erkenntnis allein (oder doch nahezu allein) die archäologischen Denkmäler in Betracht kommen. Demgegenüber spielen die schriftlichen Zeugnisse der Ägypter, Sumerer, Akkader, Babylonier und Assyrer für die Kenntnis dieser Völker in ihren politischen, sozialen, wirtschaftlichen, rechtlichen, künstlerischen und vor allem religiösen Lebensformen und deren geschichtlichen Wandlungen seit dem beginnenden 3. Jahrtausend v. Chr. eine entscheidende Rolle.

Angesichts dieser Bedeutung sowie in Anbetracht der philologischen Eigenständigkeit dieser Sprachen und ihrer Erforschung haben die *Ägyptologie*[20] und die *Assyriologie*[21] als primär philologisch arbeitende Disziplinen aufgrund des nur ihnen eigenen Quellenmaterials und der darauf bezogenen Methoden der Auswertung von jeher den Charakter selbständiger historischer Disziplinen. Ähnliches gilt für die *Hethitologie*[22] und die *Sinologie*.[23]

Die Selbständigkeit der die altorientalischen Hochkulturen erforschenden Disziplinen kann natürlich nicht besagen, daß vor deren Pforten die allgemeine Vorgeschichtsforschung halt machen dürfte;

vielmehr muß diese ganz im Gegenteil die Ergebnisse jener Hochkulturforschungen besonders umfassend zur Kenntnis nehmen und verwerten, erweist es sich doch, daß die alten Hochkulturen nicht in sich geschlossene Geschichtswelten darstellten, sondern durch mannigfache Beziehungen mit den umliegenden und weiter entfernten Kulturen verbunden waren. Zudem kommt auch in den altorientalischen Hochkulturen neben den schriftlichen Zeugnissen den archäologischen Denkmälern als Quellen historischer Erkenntnis eine beträchtliche Bedeutung zu. Im Hinblick auf diese Quellengattungen und ihre sachgerechte Bearbeitung bilden die Hochkulturforschungen auch methodologisch integrierende Bestandteile der allgemeinen Vorgeschichtsforschung.

Die Frage, ob und inwieweit es berechtigt – bzw. erforderlich – ist, im Rahmen einer einheitlichen Vorgeschichtsforschung die Geschichtszeugnisse aller Erdgebiete aus diesem Zeitraum trotz ihrer z. T. beträchtlichen Unterschiedlichkeit zusammenzufassen, hängt nicht nur von der jeweils aufzeigbaren Abgrenzung gegenüber dem zeitlich Nachfolgenden ab, sondern ebenso von dem Ausmaß, in dem mit zunehmender Erschließung von Kulturhinterlassenschaften in nahezu allen Bereichen der vorgeschichtlichen Ökumene und einer fortschreitenden Klärung ihrer Zeitstellung das Netz vertikaler Traditionen und horizontaler Beziehungen dichter und deutlicher geknüpft werden kann, so daß dadurch, trotz aller Lückenhaftigkeit der Überlieferung, sich der vorgeschichtliche Abschnitt der Menschheitsgeschichte insgesamt als übergreifende, reich gegliederte Einheit abzeichnet.

Gegenüber dieser im Faktisch-geschichtlichen begründeten Einheit der universalen Vorgeschichte spielen Verbindungen mit anderen Sparten der Gesamtgeschichte eine gewichtige Rolle, die vielfach – namentlich in der praktischen Landesforschung – so stark in Erscheinung treten, daß dadurch eigengeartete Forschungseinheiten entstehen. Vor allem sind dies die historischen Disziplinen, die in den einzelnen Gebieten die folgenden, großenteils als *frühgeschichtlich* bezeichneten Zeitabschnitte behandeln. Daher hat sich in vielen Ländern im Hinblick auf die Ausgrabungen und die Museen sowie überhaupt auf den regionalen Geschichtsablauf ein einheitliches Fach Vor- und Frühgeschichte ausgebildet. Dabei wird der Übergang von der Vorgeschichte zur Frühgeschichte allgemein als fließend empfunden; zur letzteren wird zumeist die Zeitspanne bis zum Frühmittelalter, im westlichen und mittleren Europa bis etwa um 700 n. Chr., in Nord- und Osteuropa teilweise noch bis zum hohen Mittelalter gerechnet.[24] Anderwärts lehnt man sich an diese zeitliche Bestimmung von Frühgeschichte an, so daß sich der alle Erdgebiete umfassende Fachverband ‚Union Internationale des Sciences Préhistoriques et Protohistoriques' nennen kann. Unter dieser Bezeichnung finden auch die internationalen Fachkongresse statt.

Im Bereich der antiken Kultur (klassische, d. h. griechisch-römische Antike) wird die auf den literarischen Quellen fußende Geschichte (und Geschichtsforschung) traditionell als Alte Geschichte,[25] die auf archäologischen Quellen fußende Forschung als Klassische Archäologie bezeichnet (wobei ein Schwergewicht auf Kunstgeschichte liegt und als Sonderdisziplinen antike Bauforschung und Numismatik hinzutreten).[26] Die Alte Geschichte (und entsprechend den Geltungsbereich der Klassischen Archäologie, d. h. insgesamt der Altertumswissenschaften) läßt man etwa bis zum 5. Jh. n. Chr. dauern. Die beiden ins Jahr 529 fallenden Ereignisse – Schließung der Athener Akademie durch Justinian und Gründung des ersten abendländischen Klosters durch den hl. Benedikt auf dem Monte Cassino – können als symptomatische Ereignisse des Übergangs vom Altertum zum Mittelalter gewertet werden.

Wenn die Erforschung der Vorgeschichte aus landesorganisatorischen Gründen großenteils im Rahmen einer regionalen Vor- und Frühgeschichtsforschung betrieben wird, so kommt dies der Vorgeschichte vielfach zugute, indem hinsichtlich der Grabungs- und Interpretationsmethoden in der Frühgeschichte (bzw. der Klassischen Archäologie) vieles besser und weitergehend in Erfahrung zu bringen ist als im prähistorischen Bereich, was dann für diesen nutzbar gemacht werden kann.

Die Vorgeschichtsforschung unterhält enge Beziehungen zu weiteren historischen Disziplinen: zu der Vergleichenden Religionswissenschaft,[27] der Vergleichenden Sprachwissenschaft,[28] der Historischen Völkerkunde[29] und der Historischen Geographie.[30] Auch außerhalb der Partien, für die diese Disziplinen sich unmittelbar auf vorgeschichtliches (d. h. aus vorgeschichtlicher Zeit stammendes) Quellenmaterial stützen, vermögen diese Wissenschaften durch die aufgrund späterer Zeugnisse gewonnenen Erkenntnisse hinsichtlich des Verhältnisses von Landschaft, Siedlung, Technik, Gesellschaft, ethnischen Verbänden, politischem Geschehen, religiösen Erscheinungsformen und wirtschaftlichen Strukturen jeweils zueinander Anregungen und Interpretationsmöglichkeiten für die Vorgeschichte zu geben. Andererseits muß festgehalten werden, daß diese Disziplinen aufgrund der von ihnen behandelten Fakten aus jüngerer (nachprähistorischer) Zeit nicht in der Lage sind, von sich aus selbständig zu Erkenntnissen über die Völker und Kulturen in vorgeschichtlicher Zeit zu gelangen, wie das in der Vergangenheit nicht selten versucht worden ist. In dieser Hinsicht hält sich die heutige Vorgeschichtsforschung streng an die unabdingbare methodologische Forderung jeder kritischen historischen Wissenschaft, daß die herangezogenen Befunde und Fakten als Quelle geschichtlicher Erkenntnis nur insoweit dienen, als nachzuweisen ist, daß sie ihrer Eigenart und Datierung nach mit der betreffenden historischen Beurteilung in einem unmittelbaren Zusammenhang stehen; und dies ist im allgemeinen weder bei den Zeugnissen der Vergleichenden Sprachwissenschaft noch bei denen der rezenten Völkerkunde sowie der mit dieser verbundenen Historischen Geographie der Fall.[31]

Außer mit den einzelnen historischen Disziplinen arbeitet die Vorgeschichtsforschung fruchtbar mit einer ganzen Reihe naturwissenschaftlicher Fächer zusammen. Die Somatische Anthropologie untersucht und gruppiert die prähistorischen Skelettreste, vor allem Schädel (s. S. 57), die Zoologie bestimmt die Tierknochen aus prähistorischen Siedlungen und Gräbern (s. S. 58), die Botanik entsprechend die Pflanzenreste (s. S. 58), die Mineralogie die verarbeiteten Gesteine, die Chemie die Speisereste und die Metallzusammensetzung (s. S. 58), die Geologie und Bodenkunde einschließlich der Paläontologie die erdgeschichtlichen Formationen und den einstigen Landschaftscharakter der besiedelten Gebiete (s. S. 58) und die Kernphysik den C 14-Gehalt von organischen Substanzen, woraus im Idealfall das absolute Alter erschlossen werden kann (s. S. 72 f.).

II. Geschichte der Vorgeschichtsforschung

Unser heutiges Wissen von der Vorgeschichte spiegelt den gegenwärtigen Forschungsstand wider und hat insofern eine geschichtliche Entwicklung hinter sich, die an den Anfang des 19. Jahrhunderts zurückreicht.[32] Zudem ist wie das Geschichtsbild im allgemeinen so auch dasjenige der Vorgeschichte nicht einfach ein Produkt der empirischen Denkmälerkenntnis; vielmehr fließen dabei Vorstellungen und Bewertungsmaßstäbe ein, die im Allgemeinphilosophischen wurzeln, und die in die Zeit lange vor Entstehen einer geschichtswissenschaftlichen Vorgeschichtsforschung zurückreichen. Sie spielen dann bei der Interpretation der Quellen sowie der Verwertung von Analogien und Modellen eine Rolle. Daher müssen bei dem Versuch, das von der heutigen Fachwissenschaft vertretene Bild der Vorgeschichte in seinem forschungsgeschichtlichen Entstehen zu verfolgen, jene allgemeinphilosophischen Überlegungen sehr wohl mit berücksichtigt werden.

A. Bis zum 18. Jahrhundert

Gemäß dem Ausspruch von Aristoteles, daß man ein Phänomen besser beurteilen könne, wenn man es von seinem Ursprung her sieht, ist von jeher das Anliegen, die Stellung und das Wesen des Menschen zu begreifen, verbunden mit einer bestimmten Vorstellung von der Urmenschheit, mit anderen Worten: die religiöse bzw. philosophische Beurteilung des Menschen spiegelt sich in dem Bild wider, das von den Anfängen des Menschengeschlechtes entworfen wird. Dabei stehen bereits in der Antike prinzipiell unterschiedliche Anschauungen einander gegenüber. Das Bild einer im Wesen guten und dadurch glücklichen Urmenschheit spricht aus altorientalischen Mythen und am Beginn der Antike aus der Weltalterlehre *Hesiods*, der vor der eigenen, als ‚eisern' bezeichneten Gegenwart ein ‚bronzenes', davor ein ‚silbernes' und davor ein ‚goldenes Zeitalter' ansetzt. Diese Abfolge entspricht jeweils einer Verschlechterung der Moral und geht mit einem Zerfall des allgemeinen Glücklichseins der Menschheit Hand in Hand. Eine verwandte Grundposition klingt in *Platons* Vorstellung von den Anfängen menschlicher Geschichte an. Auch der alttestamentliche Schöpfungsbericht schildert den Menschen als ursprünglich sittlich gut, glücklich und Gott wohlgefällig, welcher Zustand dann durch sein Verschulden beendet wurde. Am Ende der Antike entstand *Augustins* großangelegte, bis dahin einzigartige Konzeption der Weltgeschichte, die für die Zeit vor den Medern, Persern und Griechen – also vor der ersten Hälfte des letzten vorchristlichen Jahrtausends – vier Zeitalter unterschied: das erste von dem rund 6000 Jahre zurückreichenden Sündenfall bis zur Sintflut, das zweite von der Sintflut bis Abraham, das dritte bis David und das vierte bis zur Babylonischen Gefangenschaft des Volkes Israel. Dieses universalgeschichtliche, ganz auf die Heilsgeschichte ausgerichtete Bild Augustins wirkte nachhaltig auf das Geschichtsverständnis des Mittelalters, wenngleich die Zeitaltergliederung zumeist davon abwich: allgemein wurde eine zeitliche Abfolge (verbunden mit einem räumlichen Voranschreiten von Ost nach West) der Reiche der Babylonier, Meder, Perser, Griechen, Römer und Franken herausgestellt, wie es am ausgeprägtesten in der Weltchronik von Bischof Otto von Freising zum Ausdruck kommt.[33]

Gleicherweise für die Heilsgeschichte wie für die Geschichtsvorstellung im allgemeinen von Bedeutung war die Art und Weise, wie *Thomas von Aquin* im 13. Jahrhundert die Genesiskapitel mit der Schilderung des paradiesischen Urzustandes der Menschheit deutete. Im Gegensatz zu den spätantiken Kirchenvätern faßte er diesen Urzustand als lange dauernde Zeitspanne auf, in der die Menschen durch ungezählte Generationen hindurch ein einfaches Leben als Jäger und Sammler geführt hätten (Ackerbau und Viehhaltung fehlten noch), in einer einfachen Sozialordnung ihre je besonderen Fähigkeiten entfaltet und sich von dem nachparadiesischen Zustand im Prinzip nur dadurch unterschieden hätten, daß ihnen der bewußte Wunsch, Gott gegenüber autonom sein zu wollen („sein wollen wie Gott"), unbekannt gewesen sei.[34]

Erstmals Überlegungen über die Art und Weise, wie sich innerhalb der Menschheit eine allgemeine Entwicklung der Kultur, Gesellschaft und Wirtschaft vollzogen haben könnte, wurden nicht im mittelalterlichen Abendland, sondern im arabischen Nordafrika von *Ibn Ḫaldūn* (1332–1406) angestellt.[35] Aus einer Analyse der verschiedenen Lebensweise von Nomaden, Bauern und Städtern schloß er, daß nach einer Urzeit zunächst das viehzüchtende Nomadentum entstanden sei, in einem späteren Stadium eine seßhafte Lebensweise mit Ackerbau und Viehhaltung und schließlich das Städtewesen mit dem Königtum.

Neben Geschichtsvorstellungen dieser Art stehen seit der klassischen Antike andere, die die menschliche Geschichte stärker in Beziehung und Analogie zur Natur sehen. Dabei wurde entweder der Nachdruck auf einen zyklischen Ablauf des geschichtlichen Geschehens gelegt, verbunden mit einem ständigen Werden und Vergehen von Einzelnen und Gemeinschaften, Reichen und Kulturen, ohne daß diesem Wechsel ein inneres Fortschreiten von einem umreißbaren Anfang auf ein Ziel hin innewohnen würde; das war die weithin im griechischen und römischen

Altertum vorherrschende Ansicht. Oder es wurden die Anfänge der Menschheit als kulturlos, rein naturhaft, als roh und ohne Sitte, Moral und Religion vorgestellt; diese Vorstellung dürfte im 5. Jahrhundert v. Chr. entstanden sein; am bekanntesten ist die diesbezügliche Schilderung von *Lukrez*.[36]

Im Mittelalter traten diese naturalistischen Urmenschheitsvorstellungen zurück; erst *Th. Hobbes* (1588–1679) griff wieder auf sie mit seiner Raubtiertheorie zurück: unter Berufung auf Lukrez sowie auf Reiseberichte von ‚wilden' Naturvölkern in außereuropäischen Gebieten stellte er die Urmenschheit als raubtierartig dar, mit einem Kampf aller gegen alle.

Diese spekulativen Überlegungen des Altertums und des Mittelalters über die vorantike Geschichte werden ergänzt durch erste Ansätze einer Verwertung monumentaler Denkmäler als Quellen einer historischen Erschließung dieser vorgeschichtlichen Zeit. Dazu gehört die bei Hesiods Benennung des letzten vorantiken Zeitalters als ‚bronzen' vermutlich mitspielende Beobachtung, daß in den ‚heroischen' (d. h. mykenischen) Gräbern, auf die man nicht selten stieß, immer nur bronzene, nie eiserne Waffen und Geräte lagen, ebenso wie die durch das homerische Epos wachgehaltene Erinnerung an die Welt der mykenischen Fürsten in Mykenai, Tiryns, Pylos, Orchomenos und Troja. Höchst bemerkenswert ist der Versuch des Thukydides, aus den altertümlichen Formen von auf Delos entdeckten Grabbeigaben Aufschlüsse über die vorgriechische Bevölkerung dieser Insel abzuleiten. Vor allem aber spielten die Bau- und Kunstdenkmäler der altorientalischen Hochkulturen in Ägypten und Mesopotamien bei dem antiken Bild von diesen älteren Staaten und Kulturen eine entscheidende Rolle, wie aus den Werken der antiken Autoren – beginnend mit Herodot – anschaulich hervorgeht. Waren die monumentalen Zeugnisse im Vorderen Orient auch in eine auf literarische Dokumente gestützte Überlieferung eingebettet, so beruhten nicht wenige Kenntnisse doch so gut wie ausschließlich auf den Monumenten: beispielsweise waren die drei großen Pyramiden von Gize des Cheops, Chephren und Mykerinos im Grunde das einzige, worauf sich in der Antike das Wissen von diesen Königen des Alten Reiches stützte. Noch wesentlich isolierter, da ohne eine begleitende Tradition die Jahrtausende überdauernd, wurden während des Mittelalters die bedeutendsten prähistorischen Baudenkmäler Europas, die kupferzeitlichen Tempel Maltas, die westeuropäischen Megalithgräber dieser Zeit und die Heiligtümer Stonehenge sowie Avebury in England, als Zeugnisse einer lange vergangenen Zeit angesehen. Der Volksglauben brachte die Megalithgräber mit Riesen in Verbindung, die einst das Land bewohnt hätten (danach die noch heute geläufige Bezeichnung ‚Hünengräber', ‚chambres des géants' und dänisch ‚jaettestuer' = Riesenstuben), während Steinbeile ,Donnerkeile' genannt und ebenfalls mit allerlei sagenhaften Vorstellungen verknüpft wurden.

Erst der Humanismus ließ eine neue Einstellung zu den unmittelbaren Quellen der Vorgeschichte entstehen und ermöglichte damit eine geschichtswissenschaftliche Erforschung dieser Frühzeit.[37] Seit dem 16. Jahrhundert wurden in Mittel-, West- und Nordeuropa Megalithgräber, Grabhügel und Urnenbestattungen ausgegraben und die dort gefundenen Tongefäße, Waffen, Schmuckstücke und Geräte in fürstlichen Raritätenkabinetten gesammelt. Mochte es auch zunächst schwer sein, zu einer angemessenen historischen Beurteilung dieser Funde zu gelangen (beispielsweise wurden 1688 brandenburgische Urnenfelder unter Berufung auf den aus der Bibel zu erschließenden Beginn der Totenverbrennung in das Jahr 351 vor Chr. Geb. gesetzt), und war noch während des ganzen 18. Jahrhunderts die Versuchung groß, die Bodenfunde mit den von den antiken Autoren für die betreffenden Gebiete überlieferten Völkern in Verbindung zu bringen, so war doch prinzipiell die Bedeutung dieser archäologischen Kulturhinterlassenschaften als historische Zeugnisse anerkannt, und es wurde die Hoffnung ausgedrückt, daß eine diesbezügliche Auswertung mit Zunahme der Denkmälerkenntnis auch in weitergehendem Maße gelingen werde. 1714 erschien in Marburg die erste „Historische Dissertation" über Graburnen und Steinwaffen aus Nordhessen.[38] In einer Wissenschaftssystematik von 1730 werden die ,Antiquitäten' (wie die Bodenfunde vielfach genannt wurden) und die ,Historie' zu den ,Litterae humaniores' gerechnet.[39] Mitunter wurde der allein durch die Bodenfunde erhellbare Abschnitt der Geschichte ,Historia obscura' genannt,[40] der für Mitteleuropa terminiert wurde „ab initio mundi usque ad Julium Caesarem".

Wenngleich die bedeutendsten Gelehrten des 17. und 18. Jahrhunderts – an ihrer Spitze der die Geisteswelt seiner Zeit wie kein anderer überblickende, auf den verschiedensten Gebieten schöpferisch tätige und um ein neues Geschichtsverständnis bemühte *G. W. Leibniz*[41] – den Bodenfunden ihre Aufmerksamkeit zuwandten, wurden diese Ansätze doch nicht zu einer systematischen wissenschaftlichen Quellenkunde ausgebaut. Zwar erreichten die damals unternommenen Ausgrabungen zuweilen beträchtlichen Umfang (zwei Freunde förderten vom ,Töppelberg' in Schlesien beispielsweise 13 000 prähistorische Urnen zutage), und es ist offenkundig, daß diese Grabungen aus einem Interesse an der geschichtlichen Urzeit unternommen wurden und Beachtung fanden; aber sie wurden nicht – in umgekehrter Richtung – ihrerseits als historische Erkenntnisquelle benutzt.

Die Denker des Humanismus hatten dem theologisch-heilsgeschichtlich ausgerichteten Geschichtsbild des Mittelalters die Innerweltlichkeit von geschichtlichen Lebensformen entgegengestellt (der Florentiner Machiavelli 1469–1527; der Deutsche Sleidanus 1507–1556, der Franzose J. Bodin, 1530–1596). Auf dieser Grundlage erwuchs die Geschichtsbewertung der Aufklärung (in Deutschland Leibniz 1646–1716, in Frankreich P. Bayle 1647–1706 und Voltaire 1694–1778, in Großbritannien D. Hume 1711–1776). Unter Berufung auf die autonome Vernunft und die neu in das Gesichtsfeld der europäischen Gebildeten tretenden Kulturen Amerikas und Asiens entstand ein neuartiges universales Selbstbewußtsein mit historischer Dimension, das nach dem ‚Geist' von Völkern, Kulturen und Staaten fragte, wobei ästhetische und moralische Maßstäbe eine maßgebende Rolle spielten. Hatte der Humanismus die pragmatische Nützlichkeit geschichtlicher Kenntnisse herausgestellt, so war es in dem Jahrhundert, das sich selbst das aufgeklärte nannte, der Bildungswert der Geschichte, der die Beschäftigung mit ihr – und gerade auch mit ihren Anfängen – lohnend machte. Leibniz wies mit Nachdruck auf das Problem der Entwicklung des Menschengeschlechtes aus einem Urzustand hin.[42] Neben den monumentalen Kulturzeugnissen sah er vor allem in den Sprachen „die ältesten Denkmäler der menschlichen Geschichte", die gegenüber den monumentalen Kulturzeugnissen nicht nur den Vorzug einer lebendigen, erkennbaren Verbindung mit der Gegenwart böten, sondern auch einer philosophischen Betrachtung weit mehr zugänglich seien. Gerade in der deutschen Sprache wurde viel Urtümliches (‚Adamitisches') gesehen.

Neben Leibniz hat *G. Vico* (1608–1744) den Blick auf die menschliche Urzeit gerichtet und einem für das 18. Jahrhundert neuen Entwicklungsdenken die Bahn gebrochen.[43] Gegen die herrschenden Vorstellungen von Naturrecht (wonach die Menschen von Anfang an eine voll entwickelte Vernunft gehabt hätten) entwarf er ein Bild der urzeitlichen Menschheit, das auf einem intuitiven Erfassen von Mythen, Poesie und Sprache als Wegweiser zu diesen Urgründen beruht. Dabei wurden antike Autoren ebenso herangezogen wie naturvölkische Verhältnisse der damaligen Gegenwart, wie sie etwa in dem zweibändigen Werk des Jesuiten Lafitau über „Moers Sauvages des Amériquains comparées aux moers des premiers temps" (1724) ausgebreitet und wie sie in dieser Zeit in Beziehung auch zu den europäischen Vorgeschichtsfunden gebracht wurden (Steinbeile und -messer). Die von Vico gezeichnete Urmenschheit ist charakterisiert durch emotionsstarke, schöpferische, phantasievolle Züge. Diese glaubte Vico am Beginn jeder Volksentwicklung annehmen zu dürfen; auf dieses Urstadium (= göttliches bzw. goldenes Zeitalter), in dem begonnen wurde, Getreide anzubauen, sei jeweils ein heroisches und schließlich ein menschliches Zeitalter gefolgt. Hier wird also eine Entwicklung vom Urtümlichen zum Hochkulturellen nicht als einlinige Menschheitsgeschichte, sondern als sich vielfach wiederholender Wandlungsprozeß jedes Einzelvolkes aufgefaßt.

Dem Vernunftsoptimismus der Aufklärung widersprach leidenschaftlich *J. J. Rousseau*, der den bedürfnislosen, einfach lebenden Naturmenschen der Urzeit als Ideal dem hochkulturellen Gegenwartsmenschen gegenüberstellte.[44] *Voltaire* spottete zwar über Rousseaus diesbezügliche Schwärmerei, übernahm von ihm aber die Überlegung, daß der Urzustand der Menschheit viel länger gedauert haben dürfte, als vielfach angenommen wurde: viele Jahrtausende seien dafür zu veranschlagen, da der Fortschritt des Geistes nur ganz langsam hätte erfolgen können. Gegen Rousseau betonte Voltaire die gesellige Urnatur des Menschen. An diese Überlegung knüpfte *A. Ferguson* (1723–1816) an, wenn er unter Zugrundelegung antiker Nachrichten und naturvölkischer Verhältnisse eine Entwicklung der menschlichen Gesellschaftsformen von der primitivsten Stufe zu höherer Kultur durch eine soziale Differenzierung meinte erkennen zu können.[45] Einig waren sich die Gelehrten des 18. Jahrhunderts darüber, daß die Urmenschheit in tiefgreifendem Maße von der Religion her bestimmt war.

Einen neuen Zug in die Beurteilung der Urmenschheit brachte *J. G. Herder* (1744–1803).[46] Im Prinzip ging auch er von der ‚Lebensaltertheorie' aus, die die Altersstufen des einzelnen Menschen in Analogie setzte zu den Altersstufen der Gesamtmenschheit, wie sie allgemein seit langem geläufig war (bereits bei Augustinus bezeugt; freilich fehlte es im 18. Jahrhundert nicht an Stimmen, die demgegenüber darauf hinwiesen, man könne nicht die Lebensdauer eines Staates mit derjenigen eines Einzelmenschen in Beziehung setzen, da die Gesellschaft sich doch mit jeder einzelnen Generation erneuere, so Ferguson). Zwar stimmte Herder mit Rousseau in der positiven Bewertung der Urzeit überein (entgegen anderen, z. B. D. Hume, die die Roheit und Wildheit der frühen Menschheit herausstellten), bezweifelte aber, daß es möglich sei, mit rationalistischen Methoden ein Bild des Urmenschen zu konzipieren. Vielmehr müsse dieses intuitiv erfahren werden, wobei davon auszugehen sei, daß zwar eine innere Lebensgemeinschaft (im Sinn einer alles Menschliche durchwaltenden Einheit) uns mit jenen Anfängen verbände, daß diese aber doch den antiken und nachantiken Zeiten gegenüber etwas Eigengeartetes, Eigenwertiges und daher Unnachahmliches darstellten, wie es eine echte Entwicklung („genetisches Prinzip", wie Herder sagte) mit sich bringe. Diesen Urzustand sah er verkörpert in der biblischen Urgeschichte; der orientalische Despotismus wird als sekundäre Entartungserscheinung gewertet; doch wird mit Bedacht die Entwicklung nicht insgesamt als Abfall und Verschlechterung gewertet.

So warm und lebendig Herders Beurteilung der vorantiken Menschheitsgeschichte war – frei gleicherweise von der Schwärmerei Rousseaus wie von der Überheblichkeit der Aufklärer –, so abstrakt und theoretisch blieb dieses Bild eben doch, da ihm eine sinnliche Unmittelbarkeit fehlte, wie sie nur die damals in den Wissenskreis der Gelehrten tretenden vorgeschichtlichen Kulturhinterlassenschaften zu geben vermochten. Darin unterschied sich Herder von *Goethe*, der mit der Weltgeschichte im allgemeinen sich zwar nie recht anfreunden konnte (freilich höchst geringschätzig von dem sprach, der „nicht von 3000 Jahren sich weiß Rechenschaft zu geben"), aber zeit seines Lebens zur menschlichen Vorzeit ein enges Verhältnis hatte. Dabei stand er skeptisch der literarischen und mündlichen Überlieferung gegenüber, besaß indes eine ausgeprägte Fähigkeit, reale Reste der Vergangenheit als Stücke einstigen Lebens zu werten. „Meine Liebhaberei zu altertümlichen Resten war leidenschaftlich", bekennt er.[47] Er publizierte selbst etliche Bronzefunde[48] und veranlaßte mehrere Ausgrabungen.

B. 19. Jahrhundert

In der ersten Hälfte des 19. Jahrhunderts wurde vielerorts in Europa das zuvor begonnene Ausgraben und Sammeln prähistorischer Funde intensiviert. In Deutschland verlieh die nach den napoleonischen Kriegen entfachte *romantische Bewegung* mit ihrer bewußten Hinwendung zur nationalen Geschichte und zur Vorzeit sowie der Gründung von Geschichts- und Altertumsvereinen diesen Bestrebungen einen mächtigen Auftrieb. Damit waren die beiden entscheidenden Voraussetzungen für die Grundlegung der Vorgeschichte als Wissenschaft gegeben: ein beträchtlicher, sich ständig vergrößernder Bestand authentischer Quellen und der erklärte Wunsch, diese Quellen für eine historische Erkenntnis nutzbar zu machen. Dieser Prozeß vollzog sich gleichzeitig mit der Entstehung der allgemeinen Geschichtswissenschaft durch die Arbeiten von *B. G. Niebuhr* (1776–1831), *Th. Mommsen* (1817–1903), *J. G. Droysen* (1808–1884) und *L. von Ranke* (1795–1886). Wie im Bereich der sich auf literarische Quellen stützenden Alten, Mittleren und Neueren Geschichte diese Wissenschaftlichkeit sowohl durch ein neuartig-umfassendes Erkenntnisanliegen als auch durch eine neuartig-kritische Einstellung zu den Quellen mit einer darauf beruhenden Entwicklung von Methoden zur Datierung, Zuordnung und Ausdeutung der Quellen gekennzeichnet ist, so analog auch bei der Vorgeschichte. In Deutschland war *J. G. G. Büsching* einer der Vertreter dieser Forschungsrichtung. 1816 habilitierte er sich in Breslau für „Geschichtliche Hilfswissenschaften und deutsche Altertümer" und wurde 1822 zum Ordinarius ernannt; zwei Jahre später erschien von ihm ein „Abriß der deutschen Altertums-Kunde".[49]

Vor allem bedurfte es geeigneter Methoden zur Altersbestimmung der Funde. Die allgemeine Überzeugung, daß diese in frühere Zeiten zurückreichten als die antiken (d. h. kaiserzeitlichen) Völkerschaften der betreffenden Gegend, wurde als unbefriedigend empfunden. Zunächst war unter Lösung von der antiken Überlieferung eine relative Chronologie der Funde zu erarbeiten. Dabei kam man in den dreißiger Jahren in Dänemark *(Chr. J. Thomsen)* und Norddeutschland *(J. F. Danneil)* immerhin so weit, daß aufgrund der regelhaften Fundvergesellschaftung jeweils bestimmter Keramikformen mit Steingeräten, Bronzegegenständen und solchen aus Eisen in jeweils bestimmten Grabarten (Megalithgräbern, Hügelgräbern, Urnengräbern) die Unterscheidung einer *Steinzeit*, einer *Bronzezeit* und einer *Eisenzeit* vorgenommen wurde. Wenngleich dabei indirekt die antiken Berichte vom höheren Alter der Bronze gegenüber dem Eisen sowie die allgemeine Überlegung, daß die Menschen vor Erfindung der Metallverarbeitung nur Steingeräte gekannt haben dürften, nachwirkten, waren die Argumente für diese jetzt am Fundstoff vorgenommene Unterscheidung doch methodisch-empirischer Art.

Neben dieser einen Ausgangsbasis der Vorgeschichtsforschung erwuchs in dieser Zeit – ziemlich unabhängig von jener – eine zweite, die sich auf den diluvialen bzw., wie man sagte, den antediluvialen Menschen bezog. Als *Diluvium* (= Sintflut) wurde *das* Erdzeitalter bezeichnet, von dem die mit großen Hochwasserkatastrophen in Zusammenhang gebrachten Schotterablagerungen vieler west- und mitteleuropäischer Flußtäler mit den Knochenfunden fossiler (heute ausgestorbener) Tierarten herrührten. *J. Boucher de Perthes*, Mitglied eines naturwissenschaftlichen Vereins, sammelte ab 1838 in der Gegend von Abbéville aus solchen Schotterschichten mit fossiler Fauna Steingegenstände, die er aufgrund ihrer Form und Herrichtung als von Menschen gefertigte Geräte ansprach. Dies führte ihn zur Überzeugung von der Existenz des diluvialen bzw. antediluvialen Menschen. Bereits lange vorher – um 1770 – hatte Pfarrer *Esper* seine Entdeckungen in der Burggailenreuther Höhle in Oberfranken, wo er Entsprechendes in einer ungestörten Schicht gefunden hatte, im selben Sinn gedeutet. Doch konnten sich diese Gedanken, so gut begründet sie waren, zunächst nicht allgemein durchsetzen.

Einen dritten Ansatz für die geschichtswissenschaftliche Erforschung vorantiker Kulturen stellt die Entzifferung der ägyptischen Hieroglyphenschrift durch *J. F. Champollion* und der mesopotamischen Keilschrift durch *G. F. Grotefend* dar, wodurch die Texte dieser beiden altorientalischen Hochkulturen begannen, zugänglich zu werden.

Nach der Jahrhundertmitte nahm die Forschung von diesen drei quellenkundlichen und methodischen Ausgangsfeldern aus einen stürmischen Aufschwung, der im Verlauf zweier Generationen die geschichtlichen Grundzüge der vorantiken Kulturentwicklung sichtbar werden ließ.

Im Jahre 1858 erfolgte seitens englischer Geologen (*Ch. Lyell*) und Prähistoriker (*J. Evans*) die offizielle Anerkennung der diluvialen Artefakte Boucher de Perthes' aus den Sommeschottern. Inzwischen hatte die geologische Forschung die vermeintlich auf Überschwemmungskatastrophen hindeutenden Ablagerungen richtiger als Reste von Vereisungserscheinungen erkannt (*Eiszeitalter*); aus dem Diluvium war ein Glazial geworden.

Neben den Aufsammlungen von Steingeräten (Faustkeilen und Abschlägen) in glazialen Flußterrassenschottern wurden von der Jahrhundertmitte an Grabungen auch in *Höhlen* durchgeführt (vor allem in Südfrankreich, aber auch in Deutschland, wenig später in Mähren, Südpolen, Italien und auf der Krim), die insgesamt dank günstigerer Erhaltungsbedingungen und Lageverhältnisse weitergehende Aufschlüsse und Beurteilungsmöglichkeiten boten. Auch wurden Untersuchungen in Freilandrastplätzen Mährens und der Ukraine begonnen. In den Höhlen ergab sich, daß die einzelnen Schichten jeweils durch bestimmte Vergesellschaftungen von Steingeräten, Knochen-, Geweih- und Elfenbeingeräten sowie anderen Kulturerscheinungen, oft in Verbindung mit bestimmten bevorzugten Arten fossiler Tiere, gekennzeichnet sind und daß bei übereinanderliegenden Schichten die Abfolge dieser Formvergesellschaftungen sich jeweils wiederholt. Dies führte 1861 zu einem ersten Chronologiesystem der eiszeitlichen Kulturstufen von *E. Lartet*, das wenige Jahre später durch *G. de Mortillet* verbessert und ausgebaut wurde. Die dabei herausgestellten Stufen von *Le Moustier*, *Solutré*, *Aurignac* und *La Madeleine* haben noch heute Gültigkeit.

Im Jahr 1864 wurde von Lartet in La Madeleine in einer sicheren Diluvialschicht erstmalig eine figürliche Darstellung entdeckt: eine auf ein Knochenstück gravierte Mammutzeichnung. Dieses erste Kunstwerk des eiszeitlichen Menschen fand weit über den engeren Kreis der Fachforschung hinaus in der breiten Öffentlichkeit eine überaus starke Beachtung: mit einem Mal war – für jeden ersichtlich – die Geschichtlichkeit des Menschen in eine unvorstellbar weite Vorzeit zurückerweitert, seine geschichtliche Entwicklung erheblich länger als bis dahin angenommen. Die Entdeckung des eiszeitlichen Menschen eröffnete eine ganz neue Dimension des Geschichtsbewußtseins. Der naturwissenschaftlich orientierten Forschung war dies zu verdanken; die Evolutionsidee Ch. Darwins bildete den Leitstern und den Ansporn dieses Bemühens. Die Entwicklung der Kultur – soweit sie aus den Formen und Techniken der Stein- und Knochengeräte ablesbar ist – von den primitivsten Anfängen bis zur Schwelle der geologischen Jetztzeit nach Art einer naturgesetzlichen Stufensequenz aufzuzeigen, war das Anliegen dieser Forschungsrichtung.

Dieser Evolutionssystematik schienen zwei Fundbeobachtungen zu widersprechen: die 1878 erstmals bekannt gewordenen grandiosen

Höhlenmalereien von Altamira in Nordspanien sowie die von 1872 an in eiszeitlichen Kulturschichten zum Vorschein gekommenen menschlichen *Bestattungen*, z. T. mit Rötel- und Schmuckbeigaben (erstmals in Laugerie-Basse). Die durch die Malereien bezeugte beeindruckende künstlerische Gestaltungskraft und die in den rituellen Beisetzungen zum Ausdruck kommende Geistigkeit paßten nicht in das vorausgesetzte Entwicklungsschema, von dessen prinzipieller Richtigkeit die offizielle Forschung dieser Zeit so überzeugt war, daß sie zunächst den authentischen Charakter jener Befunde bestritt. Wie stark der Evolutionsgedanke diesen Forschungszweig beherrschte, ist auch daran zu sehen, daß anfänglich die Kunst auf die letzte Eiszeitstufe, das Magdalénien, beschränkt wurde, dann aber, als sich dies aufgrund datierbarer Befunde nicht mehr halten ließ, eine stufenweise Entstehung der Figuralkunst angenommen wurde: erst Skulpturen, dann Reliefs und zuletzt Zeichnungen.[50]

Bei der Erforschung des eiszeitlichen Menschen wurden seine kulturellen Hinterlassenschaften in engster Verbindung mit seiner physisch-anthropologischen Form gesehen; führende Prähistoriker dieser Zeit waren von Haus aus Anthropologen, in Deutschland *R. Virchow* und *J. Ranke*; Träger dieser Forschungen in Deutschland waren die Gesellschaften für Anthropologie, Ethnologie und Urgeschichte, und auch in der Organisation der Museen dieser Zeit kam die Einheit von Anthropologie und Prähistorie oftmals zum Ausdruck. Die meisten diluvialen Menschenfunde entsprachen somatisch offensichtlich dem rezenten homo sapiens. Die bereits 1856 entdeckte Schädelkalotte aus dem Neanderthal bei Düsseldorf wich indes deutlich davon ab und machte einen primitiveren Eindruck. Wenngleich es nicht an kritischen Stimmen fehlte (z. B. Virchow), die diesen Fund nicht als Beweis für eine generell ältere Menschenform anerkennen wollten, schien dies doch durch weitere entsprechende Funde nahegelegt zu werden (vor allem 1886 in der belgischen Höhle von Spy). Im Zuge der Bemühungen um die Erhellung frühmenschlicher Evolution im Sinne darwinistischer Gesetzlichkeit fuhr *E. Dubois* 1891 nach Java, um dort den von *E. Haeckel* theoretisch konzipierten Affenmenschen (Pithecanthropus) zu finden, was er kurz darauf im Schädelfund von Trinil auch erreicht zu haben glaubte.[51]

Schon bei dem ersten Bekanntwerden der eiszeitlichen Steingeräte war klar, daß die dadurch verkörperte Steinzeit zu unterscheiden ist von *der* Steinzeit, die durch Steinbeile in Verbindung mit Keramik in Gräbern und in Ansiedlungen belegt ist und der Bronzezeit vorangeht. Diese letztere wurde seit der Jahrhundertmitte in neuer Weise bekannt durch die an den Ufern der Schweizer Seen zum Vorschein gekommenen und vor allem von *F. Keller* untersuchten Siedlungsplätze, die als *Pfahlbauten* (d. h. als im See über dem Wasserspiegel errichtete Häuser) ergänzt wurden und in dieser romantischen (inzwischen als unrichtig erkannten) Form die Phantasie der Öffentlichkeit weithin erregten: neben den eiszeitlichen Höhlen wurden sie zu den bekanntesten Erscheinungen des Vorzeitmenschen.[52]

Bei diesen Pfahlbausiedlungen ließen sich solche mit Steingeräten von solchen mit Bronzegeräten unterscheiden, so daß hier eine Steinzeit ebenso herauszustellen war wie bei den Grabfunden Norddeutschlands und Dänemarks. Diese Steinzeit war gekennzeichnet durch feste Ansiedlungen mit Holzhäusern und Keramik sowie vor allem durch die aufgrund verkohlter Getreidekörner belegte Kenntnis von Pflanzenanbau und die aus Haustierknochen zu erschließende Tierhaltung. Alles dies fehlte bei den eiszeitlichen Höhlen- und Freilandstationen, wie auch die bei den Steinbeilen jener Grab- und Siedlungsfunde geläufige Schleif- und Bohrtechnik an den eiszeitlichen Steingeräten nie festzustellen war. Dies unterstrich den tiefgreifenden Gegensatz zwischen den beiden Steinzeitaltern, für die sich die Bezeichnungen *Altsteinzeit* (Paläolithikum) und *Jungsteinzeit* (Neolithikum) einbürgerten (erstmals bezeugt 1865).

Auch in den anderen Sparten der vorantiken Geschichts- und Kulturforschung zeichnet sich die zweite Hälfte des 19. Jahrhunderts dadurch aus, daß durch zahlreiche, systematisch und in wahrer Pionierhaltung durchgeführte Ausgrabungen der einschlägige Denkmälerbestand vermehrt wurde, was zugleich vergleichende Untersuchungen hervorrief. 1870 begann *H. Schliemann*, angeregt durch die Lektüre Homers, mit seinen Grabungen in Troja und entdeckte damit die prähistorische Kultur Nordwestanatoliens. 1876 setzte er den Spaten in Mykenai an und fand die berühmten Schachtgräber, wodurch schlagartig die *Mykenische Kultur* der Bronzezeit bekannt wurde.[53] Im Jahre 1884 eröffnete *Fl. Petrie* in Ägypten eine ähnlich erfolgreiche Grabungstätigkeit, nachdem man sich bis dahin damit begnügt hatte, die allenthalben im Lande noch sichtbaren Baureste, Inschriftenwände und Plastiken aufzunehmen. Dadurch traten vor allem die frühen Abschnitte der ägyptischen Kultur erstmalig durch Zeugnisse in Erscheinung, die Anfangsabschnitte des Alten Reiches durch Gräber, Heiligtümer und Inschriften, die Zeit davor nur durch Grabfunde.[54] Derweil setzten auch in Mesopotamien die ersten Ausgrabungen ein, 1877 in Lagaš, 1889 in Nippur, ebenso auf Kreta (*J. Hazzidakis*), auf den Kykladen (*F. Dümmler*), in den Felskammergräbern und Siedlungen Siziliens (*P. Orsi*) und in den Megalithgräbern Spaniens (*L. Siret:* Los Millares).

Der Fundstoff, vor allem aus Gräbern und aus Depots, wuchs vielerorts so beträchtlich an, daß von den siebziger Jahren an planmäßige Untersuchungen über einzelne Kulturerscheinungen in ihrem zeitlichen Verhältnis zueinander und in ihrer räumlichen Verbreitung sowie den darin sich ausdrückenden Beziehungen angestellt werden konnten. So unternahm *O. Montelius* im nordischen Kreis eine erste typologische und chronologische Ordnung der Megalithgräber, indem er zwischen *Dolmen*, *Ganggräbern* und *Steinkisten* unterschied und darin drei Zeitstufen vertreten sah.[55] Dank umfangreicher Untersuchungen von Gräberfeldern vor den Toren Bolognas konnten dort bereits 1871 die Grundzüge einer bronze- und eisenzeitlichen Chronologie umrissen werden, die in den folgenden Jahren erfolgreich ausgebaut wurde.[56] Danach war eine nach einem Gräberfeld *Certosa* benannte Stufe durch griechische Keramik des 5. Jahrhunderts v. Chr. zeitlich bestimmt; eine davor liegende Stufe wurde durch einen Friedhof auf dem Grundstück *Arnoaldi* etwas weiter stadteinwärts gekennzeichnet, eine nochmals ältere durch solche auf einem *Benacci*-Grundstück. Mit dem Beginn dieser Benacci-Stufe, in der bereits Eisen begegnet, ging man bis ins 9. oder 10. Jahrhundert v. Chr. zurück. Davor wurden die fundreichen Bronzezeitsiedlungen der Emilia angesetzt, die sogenannten *Terremaren* (so von den Bauern der Gegend wegen der schwarzen Kulturerde genannt). Für diese jüngeren (metallzeitlichen) Vorgeschichtsabschnitte wurde hinsichtlich der Kulturbeziehungen und -entwicklung sowie der absoluten Chronologie den archäologischen Kontakten zwischen den Fundzeugnissen Mittel-, West- und Nordeuropas und denen der Mittelmeergebiete besondere Aufmerksamkeit geschenkt.[57]

Über die methodischen Prinzipien, nach denen ein archäologischer Denkmälerbestand zeitlich gegliedert werden kann, wurden in diesen Jahren Diskussionen geführt, die für die Festigung der Vorgeschichte als Wissenschaft ebenso grundlegend waren wie das Zutagefördern des Fundstoffes selbst und seine Edition. Skandinavische Forscher (*H. Hildebrand*, *O. Montelius*) hatten dafür die sogenannte *typologische Methode* umschrieben, nach der bestimmte Gattungen, vor allem von Bronzeformen (Dolche, Schwerter, Fibeln), eines Kulturgebietes so geordnet wurden, daß die einzelnen Typen eine logische Entwicklungsreihe im Sinne Darwin'scher Evolutionsgesetzlichkeit ergaben; diese Reihenfolge wurde als notwendig chronologisch gewertet und die einzelnen Stadien dieser Entwicklung als Ausdruck von aufeinanderfolgenden Zeitstufen angesehen. Gegen dieses Verfahren wandte sich 1880 mit Nachdruck *O. Tischler*.[58] Er betonte, daß dabei der Willkür zu großer Spielraum eingeräumt würde (was freilich nicht verhinderte, daß diese sogenannte typologische Methode in der Folgezeit noch oft genug anzuwenden unternommen wurde). Statt dessen verwies er auf die „durchgehende Veränderung der gesamten Grabinventare" fortlaufend belegter Gräberfelder, wie dies so beispielhaft in Bologna festgestellt worden war. Darauf beruhen die Methoden, die wir heute als *Kombinationsstatistik* und *Horizontalstratigraphie* bezeichnen (s. S. 68 ff.).

Montelius stellte bei seinem Chronologiesystem der nordischen Bronzezeit zwar die sogenannte typologische Methode und einige diesbezügliche Paradebeispiele von typologischen Entwicklungen immer besonders heraus,[59] offensichtlich als Tribut an die damals verbreitete Ansicht, daß wahre Wissenschaftlichkeit es mit Gesetzmäßigkeiten analog denen der Naturwissenschaft zu tun haben müsse. In Wirklichkeit beruhte diese Periodengliederung aber auf sehr sorgsamen kombinationsstatistischen Untersuchungen und zudem auf einem so umfangreichen Fundstoff, daß dieses System im wesentlichen bis heute Gültigkeit behalten hat.

Im südlichen Mitteleuropa wurde das Gräberfeld von *Hallstatt* im oberösterreichischen Salzkammergut, von dem 1846–63 nahezu tausend z. T. beigabenreiche Gräber ausgegraben und 1868 durch eine stattliche Monographie von E. von Sacken bekanntgemacht worden war, namengebend für einen älteren Abschnitt der Eisenzeit,[60] der durch Verknüpfung mit italienischen Erscheinungen ins 6. und 7. Jahrhundert datiert werden konnte. Davor wurde eine Übergangszeit zur Bronzezeit angesetzt (auch ‚*älteste Hallstattzeit*' genannt). Innerhalb der Bronzezeit wurde ein jüngerer, durch Brandbestattungen in Flachgräberfriedhöfen gekennzeichneter Abschnitt (auch Urnenfelderbronzezeit oder *Urnenfelderzeit* genannt) von einem älteren unterschieden, der vornehmlich durch Körperbestattungen in *Hügelgräbern* bezeichnet wird.[61] Diese chronologische Einteilung hat sich wie die nordische Periodengliederung bis heute als gültig erwiesen. Auch die damals erstmalig aufgrund eines archäologisch-kulturgeschichtlichen Anschlusses der mittel- und nordeuropäischen Erscheinungen an diejenigen der Mittelmeerländer vorgenommene absolut-chronologische Ansetzung des Endes der Bronzezeit auf etwa 1000 v. Chr. und ihres Beginns auf etwa 1500 v. Chr. oder davor bedeutete einen entscheidenden Fortschritt (und kommt den heute vertretenen Ansätzen durchaus nahe), nachdem Montelius noch 1872 das Ende der Bronzezeit in der Zeit um Christi Geburt vermutet hatte und kurz zuvor überhaupt erst die letzten Widerstände gegen die Gültigkeit der Bronzezeit als allgemeines Zeitalter beseitigt worden waren. Gleichfalls in diese Jahre reicht die Erkenntnis zurück, daß in Europa und im Vorderen Orient zwischen Bronzezeit und Jungsteinzeit eine *Kupferzeit* als selbständiges Zeitalter einzuschieben ist, in dem üblicherweise das namengebende Metall noch in unlegiertem Zustand verwendet wurde.[62]

Bei den Versuchen, die Jungsteinzeit sowie die Kupferzeit weiter unterzugliedern, ging man vor allem von der reichlich vorhandenen Keramik aus. In Mitteleuropa wurden bereits in den achtziger Jahren Unterschiede in den Formen, Ornamenten und Herstellungstechniken zwischen jeweils geschlossen zum Vorschein kommenden Keramikkollektionen sowie ihrer regelhaften Kombination mit je bestimmten Steingerättypen herausgestellt, was zunächst zur Unterscheidung einerseits von *Bandkeramik* und *Schnurkeramik*[63] und andererseits von *Schnurkeramik* und Trichterbecherkeramik[64] (*Megalithkultur*) führte, bald darauf sogar zur weitergehenden Untergliederung der Bandkeramik in mehrere Stilausprägungen, die angesichts ihres Auftretens in ein und derselben Gegend nur als Ausdruck eines zeitlichen Nacheinanders gedeutet werden konnten.

Für den Fortgang der Forschung des letzten Jahrhundertdrittels von großem Einfluß waren die damals vielerorts gegründeten Fachzeitschriften[65] sowie die vielen nationalen Tagungen und internationalen Kongresse. Zu den prähistorischen Abteilungen von National-, Landes- und Bezirksmuseen sowie den Sammlungen von Geschichtsvereinen traten Ausstellungen, die die Bestände weiterer Gebiete vorübergehend vereinigten, die größte 1880 in Berlin (über deren Erfolg stellte J. Ranke befriedigt fest: „die Nation beginnt zu ahnen, was es mit ihrer ältesten Geschichte auf sich hat“).[66]

C. 20. *Jahrhundert*

Um die Jahrhundertwende erfolgte eine Zäsur in der mittel- und westeuropäischen Vorgeschichtsforschung. In Deutschland ging mit dem Tod R. Virchows (1902) die Periode zu Ende, in der die Prähistorie maßgebend im Rahmen der Anthropologie betrieben worden war. Die Männer, die statt dessen in diesen Jahren in die Forschung eintraten, stellten noch bewußter eine historische Blickrichtung in den Vordergrund. Für das Paläolithikum waren dies u. a. *H. Breuil* und *H. Obermaier*, die einen maßgebenden Anteil an den Erkenntnisfortschritten dieser Zeit hatten.[67] Dazu gehörte vor allem die offizielle Anerkennung der Höhlenmalereien und -zeichnungen, die richtige Beurteilung von paläolithischen Bestattungen sowie eine Festigung und ein Ausbau der stratigraphisch untermauerten Chronologie der gesamten Altsteinzeit. Hinzukam in diesen Jahren das erstmalige Bekanntwerden weiterer Gattungen jungpaläolithischer Kunstwerke (monumentale Felsreliefs und große Lehmplastiken tief im Höhleninnern), ebenso von Bestattungen aus dem Mittelpaläolithikum (Le Moustier und La Ferrassie). Die Entdeckung des altpleistozänen Unterkiefers eines Urmenschen von Mauer bei Heidelberg im Jahr 1907 entfachte neu die Diskussion um die allerältesten Geräteserien, die hypothetisch-urtümlichen sogenannten Eolithen.[68]

Für die nachpaläolithischen Zeitalter haben in Mitteleuropa vor allem P. Reinecke, C. Schuchhardt, K. Schumacher, M. Hoernes und G. Kossinna die Forschung nach der Jahrhundertwende geprägt. *Reinecke* gliederte in Anlehnung an O. Tischler den bronze- und ältereisenzeitlichen Fundstoff der Zone nordwärts der Alpen in Zeitstufen (Bronze- und Hallstattzeit jeweils in vier Stufen: A–D),[69] die bis in die jüngste Zeit hinein der Forschung als chronologisches Gerüst dienten. In Norddeutschland wurde demgegenüber das nordische System von Montelius, nur leicht abgewandelt, beibehalten. Die jungsteinzeit- und kupferzeitlichen Kulturen wurden einzeln anhand ihres jeweils charakteristischen Formenbestandes herausgestellt und in ihrem zeitlichen Verhältnis zueinander zu klären versucht. Dabei ergaben sich erheblich größere Schwierigkeiten als bei der Gliederung des bronze- und ältereisenzeitlichen Fundstoffes.[70] Immerhin wurde planmäßig begonnen, stratigraphische Befunde für die Altersordnung verschiedener Kulturen heranzuziehen (westalpine Seerandsiedlungen und mitteldeutsche Grabhügel); jedoch waren diese zunächst noch zu spärlich, als daß ein festes chronologisches Gefüge der vielfältigen Kulturerscheinungen hätte zustandekommen können. *M. Hoernes*, vor allem durch sein Werk über die Urgeschichte der bildenden Kunst[71] bekannt, hatte seit 1899 die erste rein prähistorische Professur in Wien inne, nachdem zuvor an den deutschsprachigen Universitäten Vorgeschichte zumeist in Verbindung mit (physischer) Anthropologie gelehrt worden war (J. Ranke in München seit 1863, R. Virchow in Berlin seit 1856, H. Schaaffhausen in Bonn seit 1870), vereinzelt auch zusammen mit Kunstgeschichte (F. Klopfleisch in Jena seit 1875). *C. Schuchhardt* kommt das Verdienst zu, bei seinen Grabungen in norddeutschen Ringwällen erstmalig Standspuren von Holzpfosten (sogenannte Pfostenlöcher)[72] beobachtet zu haben, was sich für die Erforschung prähistorischer Siedlungen von außerordentlicher Bedeutung erwies: nun war die Möglichkeit gegeben, auch Grundrisse von Holzhäusern sowie Holzeinbauten von Befestigungswällen und -toren festzustellen, während bis dahin nur Baureste aus Stein und Lehmziegeln hatten verfolgt werden können.

Abweichend von der übrigen Vorgeschichtsforschung dieser Zeit, die sich als kulturgeschichtliche Disziplin verstand, indem ihr Erkenntnisanliegen einsichtig der Eigenart des verfügbaren Fundstoffes entsprach, ließ sich *G. Kossinna* von dem Gedanken leiten, aus dem prähistorischen Fundstoff ethnische Geschichte erkennen zu wollen bzw. zu können.[73] „Scharf umrissene archäologische Kulturprovinzen decken sich zu allen Zeiten mit ganz bestimmten Völkern oder Völkerstämmen", lautete sein Grundsatz. Er meinte, aus der Verbreitung jeweils einzelner Kulturerscheinungen der Früheisen-, Bronze- und Jungsteinzeit auf Völker und Stämme schließen und deren Wanderungen und Verschmelzungen, Entwicklungen und Schicksale verfolgen zu können. Kossinna war als Schüler K. Müllenhoffs von Haus aus Germanist; an der historischen Zurückverfolgung der Germanen und der völkischen Erhellung der Indogermanen war ihm gelegen. Was mit rein philologischen Mitteln nicht gelungen war, den Ursprüngen der Germanen sowie der Urheimat und den Wanderungen der Indogermanen auf die Spur zu kommen, sollte vermittels einer neuartigen Interpretation archäologischer Realien möglich werden. Sehen wir davon ab, daß Kossinnas überschwengliche Hochschätzung des Germanischen an den Grenzen geschichtswissenschaftlicher Sachlichkeit nicht haltmachte und daß seine Art, die Verbreitung prähistorischer Kulturerscheinungen auszudeuten, in der Folgezeit im Rahmen nationalistischer Geschichtsbewertungen zu bedenklichen Mißgriffen führte, so muß festgestellt werden, daß jener Leitsatz Kossinnas zwar von ihm und seinen Anhängern als methodisches Prinzip angesehen wurde (sogenannte „siedlungsarchäologische Methode"), daß ihm diese Qualität jedoch ebensowenig zukommt wie der vermeintlichen „typologischen Methode" (s. S. 28, 70). Sowohl die Art und Weise, wie einzelne Typen sich im Verlauf einer Entwicklung verändern, als auch die Frage, welche historischen Faktoren im einzelnen Fall die Verbreitung bestimmter Kulturerscheinungen bewirkt haben, sind nicht generell (d. h. von vorne herein) klar, wie es von den eine Methode definierenden Fakten zu fordern ist, sondern ihrerseits ein Forschungsproblem (s. S. 74 ff.). Insoweit diese Tatsache von jener Forschungsrichtung verkannt und bereits geschlußfolgert wurde, wo es der kritisch-klärenden Untersuchung bedurft hätte, mußte sie in die Irre gehen. Gleichwohl ist anzuerkennen, daß Kossinna und seine Anhänger in den vielfältigen archäologischen Analysen des Fundstoffes viel Weiterführendes von bleibendem Wert geleistet haben.[74]

Im europäischen Mittelmeergebiet begann um die Jahrhundertwende *A. Evans* mit seinen ergebnisreichen Ausgrabungen in Knossos,[75] die in wenigen Jahren die (von ihm nach dem sagenhaften König Minos benannte) minoische Kultur der kretischen Bronzezeit ans Tageslicht brachten. Gleichzeitig grub *Ch. Tsountas* in Thessalien die neolithischen Siedlungen von Sesklo und Dimini aus und erweiterte damit die bis dahin bekannte Vorgeschichte Griechenlands um ein beträchtliches Stück.[76] Nicht minder aufsehenerregend waren die durch die Arbeiten *A. Mayrs* um die Jahrhundertwende in das Gesichtsfeld der Forschung tretenden monumentalen Tempelbauten Maltas[77] sowie die durch die Grabungen der Brüder *Siret* bekannt werdende bronzezeitliche El Argar-Kultur Südostspaniens.[78]

In denselben Jahren nahm die Erforschung der ägyptischen Geschichte und Kultur einen glänzenden Aufschwung. Dazu gehörten die in ihrer Durchführung beispielhaften Untersuchungen von Königsgräbern, die nun eines nach dem anderen ausgegraben wurden, dann aber auch von Mastabafriedhöfen hoher Beamter, von Felskammergräbern, die teilweise Gaufürsten zuzuschreiben sind, und von einfachen Nekropolen der breiten Bevölkerung, von Tempeln und ausnahmsweise auch von Siedlungen. Hand in Hand damit gingen eine systematische Edition und Bearbeitung von Texten sowie die bahnbrechenden chronologischen Untersuchungen *Ed. Meyers*.[79]

Auch in Mesopotamien setzte nach der Jahrhundertwende eine intensivere Ausgrabungstätigkeit ein, für die der Name *R. Koldewey* repräsentativ ist; zugleich wurden Inschriften und andere Texte auf breiter Basis der Forschung zugänglich gemacht.

Nach dem Ersten Weltkrieg wurde die Erforschung vorgeschichtlicher Kulturen intensiviert und räumlich ausgedehnt. Zur Intensivierung gehörte, daß erstmalig in einigen Gebieten des Vorderen Orients und Europas *großflächige Untersuchungen von Siedlungen* in Angriff genommen wurden, wodurch neue Einblicke in wesentliche Seiten der betreffenden Kulturen gewonnen wurden. Das war der Fall bei den altneolithischen Ansiedlungen von Merimde im Nildelta (*H. Junker* 1928–39) und denen vom Fajum (*G. Caton-Thompson* und *E. W. Gardner* 1924–38), die am Beginn der Kulturentwicklung in Ägypten stehen,[80] nicht minder bei den vielschichtigen Siedlungshügeln Mesopotamiens,[81] die mit ihren z. T. gigantischen Tempeln bis in die Frühzeit der sumerischen Hochkultur zurückreichen (Uruk: *J. Jordan* und andere ab 1928; Chafadje: *P. Delougaz* 1933–37) und sogar etwas von der Entwicklung in siedlungskundlicher, architektonischer und kulturgeschichtlicher Hinsicht erkennen lassen, die zu der Entstehung dieser Hochkultur am Ende des 4. Jahrtausends v. Chr. geführt hat (Tepe Gaura: *E. Speiser* 1927–38; Tell Arpachije: *M. E. L. Mallowan* 1933), und die andererseits auch die jüngeren Zeitstufen des 3. und 2. Jahrtausends mit ihren Stadtmauern, Palästen, Tempeln und Wohnbezirken in eindrucksvoller Weise vor Augen führen (Ur: *C. L. Woolley* 1922–34; Assur: *R. Koldewey* u. *W. Andrae* 1903–14; Mari: *A. Parrot* ab 1935; Tell Asmar und Tell Agrab: *S. Lloyd* 1932–35). In Ur, dem Ort Abrahams, fanden die mit unvorstellbarem Reichtum ausgestatteten Königsgräber in der weiten Öffentlichkeit Beachtung, nicht minder die dort beobachteten vielmetermächtigen Überschwemmungsschichten, die vom Ausgräber mit der alttestamentlichen Sintflut in Verbindung gebracht wurden.

Als besonders bedeutsam erwies sich eine Ausweitung der Forschungen auf vorderasiatische Gebiete, die bis dahin noch weitgehend terra incognita waren, so den Iran, wo die Ausgrabung vom Tepe Hissar (*E. F. Schmidt* 1931) Licht auf die Kultur des 4. und 3. Jahrtausends fallen ließ,[82] und Pakistan, wo mit den kupferzeitlichen Städten von Harappa (ab 1921), Mohenjo-daro (ab 1922) und Chanhu-daro (1935) die der mesopotamischen Kultur ebenbürtig zur Seite stehende, durch Schriftbesitz gekennzeichnete *Indus-* (oder *Harappa-*)*Kultur* zutagegefordert wurde (Grabungen von *E. J. Mackay*, *J. Marshall* und *M. S. Vats*).[83]

Auch in Palästina und Westsyrien wurden durch die in dieser Zeit einsetzenden großflächigen Stadtgrabungen von Byblos (ab 1921 *P. Montet*, dann *M. Dunand*), Jericho (ab 1930 von *J. Garstang*), Ugarit (ab 1934 von *Cl. Schaeffer*), Megiddo (ab 1935 von *G. Loud* u. a.) sowie im kilikischen Mersin (ab 1933 von *J. Garstang*) die Hauptzüge der jungsteinzeitlichen, kupfer- und bronzezeitlichen Kulturentwicklung dieser Zone sichtbar,[84] die zudem durch die mannigfachen Beziehungen sowohl zu Ägypten als auch zu Mesopotamien für die Klärung des Verhältnisses dieser beiden primären Hochkulturen zueinander ein besonderes Gewicht erhält. Die Bedeutung dieses Raumes gewann eine weitere Dimension durch die ebenfalls in der Zwischenkriegszeit dort durchgeführten Untersuchungen in Höhlen und Abris (Jabrud: *A. Rust* 1930–33; Mugharet el-Wad, Et-Tabun und Mugharet es-Skhul im Berg Karmel: *D. A. E. Garrod* 1929–34), die wichtige Aufschlüsse über das Verhältnis von mittel- und jungpaläolithischen Gerätegesellschaften sowie von neanderthaloiden und sapiensartigen Menschenformen zueinander ergaben. Diese Grabungen trugen außerdem zur Kenntnis einer frühen nachpaläolithischen Kultur bei, dem auch von anderen Fundplätzen her bekannten sogenannten *Natufian*, von dem die Entwicklung der neolithischen Kultur des Vorderen Orients ihren Ausgang genommen hat.[85]

In Inneranatolien fällt in diese Jahre die Erforschung der hethitischen Kultur, vor allem durch die (Weiterführung der zuvor von *H. Winckler* und *O. Puchstein* begonnenen) Ausgrabungen von Boğazköy (*K. Bittel* ab 1931), diejenige vom Alaca Hüyük (*H. Z. Koşay* ab 1935), vom Alişar Hüyük (*H. H. v. d. Osten* 1927–32) und vom Tell Halaf (*M. v. Oppenheim* 1911–29) sowie der vorhethitischen Kulturstufen in Alişar und Alaca Hüyük, die einerseits an die obermesopotamische und andererseits an die westanatolisch-ägäische Kulturentwicklung angeschlossen werden können.[86]

Ebenso wie im Vorderen Orient haben in der Zeit nach dem Ersten Weltkrieg auch in Europa großflächige Siedlungsgrabungen eingesetzt, die die Kenntnis einzelner Kulturen vielfach auf eine ganz neue Grundlage stellten. Angeführt seien jungpaläolithische Rastplätze in der Ukraine (Jelisejeviči: *K. M. Polikarpovič* 1930–36; Kostjenki: *P. P. Jefimenko* 1923–37) und in der Hamburger Gegend (Meiendorf: *A. Rust* 1933–34), die Siedlung der Bandkeramikkultur von Köln-Lindenthal mit zahlreichen, überraschend großen Rechteckhäusern (*W. Buttler* 1929–32), die Siedlungen der Jungsteinzeit, der Kupferzeit und der Alteisenzeit jeweils mit unterschiedlich gebauten kleinen Rechteckbauten auf dem Goldberg bei Nördlingen (*G. Bersu* 1911–29), der Siedlungshügel von Vinča in Serbien, wo erstmalig außerhalb des ägäischen Gebietes ein aus mehr als 8–10 m mächtigen neolithisch-kupferzeitlichen Siedlungsresten bestehender Tell (s. S. 46) ausgegraben wurde (*M. Vasić*), die Siedlung des Spätneolithikums von Brześć Kujawski an der Weichsel mit großen Trapezhäusern (*K. Jażdżewski* 1933–36), diejenige derselben Zeit von Aichbühl im Federseegebiet (*R. R. Schmidt* 1919–28) sowie die beiden übereinanderliegenden Siedlungen der Urnenfelderzeit von Buchau im Federseemoor, wo exzeptionell gute Erhaltungsbedingungen weitgehende Erkenntnisse über die Form und Bauweise der Häuser sowie die Inneneinrichtung vermittelten (*H. Reinerth* 1920–28), weiterhin die beiden übereinanderliegenden Burgsiedlungen der kupferzeitlichen Badener- und Vučedol-Kultur von Vučedol an der kroatischen Donau (*R. R. Schmidt* 1938) und die höchst sonderbare, aus Steinplatten erbaute Siedlung der späten Kupfer- und Bronzezeit von Skara Brae in Nordschottland (*V. G. Childe* 1928–30).[87]

In England wurden zu den seit langem durch Stonehenge und Avebury bekannten kupferzeitlichen Heiligtümern weitere solche Henge-Rotunden durch Grabungen erschlossen, wobei die Entdeckung zuweilen Luftaufnahmen verdankt wird.[88]

Aber auch außerhalb Europas und des Vorderen Orients wurde nach dem Ersten Krieg die Erforschung prähistorischer Kulturen systematisch in Angriff genommen, so in China, wo durch die Entdeckung des sogenannten Pekingmenschen in Chou-k'ou tien (1918) die Paläolithforschung in Gang kam und das Bekanntwerden der spätneolithisch-kupferzeitlichen Yang-schao-Kultur mit ihrer spiralverzierten, bemalten Keramik zu mancherlei Überlegungen über mögliche Kontakte der ostasiatischen Kulturentwicklung mit derjenigen Westasiens veranlaßte.[89] In Afrika wurden im Norden, Osten und Süden des Kontinents paläolithische und nachpaläolithische Steingerätkollektionen geborgen und die (durchweg nachpaläolithischen) Felsmalereien aufgenommen.[90] Auch in Amerika nahm die Erforschung der frühmenschlichen Besiedlung einen Aufschwung; vor allem konnte eine paläolithische Besiedlung gesichert werden.

Nach dem Zweiten Weltkrieg wurde zielstrebig eine weltweite Grabungstätigkeit in Gang gesetzt und auf Gebiete ausgedehnt, die zuvor im Beachtungsschatten gestanden hatten, so die Bereiche am Persischen Golf, sowie Afghanistan, Turkmenistan, Indien und Sibirien.[91] Beginnen sich dadurch großflächige Lücken in der archäologischen Quellenüberlieferung zu schließen, so lassen gezielte Ausgrabungen und glückliche Entdeckungen auch in den Gebieten mit bereits älterer Landesforschung einzelne Kulturabschnitte neu hervortreten und chronologische Verhältnisse klarer werden. Als Beispiel sei hingewiesen auf die Untersuchung früh- und altneolithischer Siedlungen in

Vorderasien (im Irak Tell Hassuna durch *S. Lloyd* und Tell as-Sauwan durch *B. Abu es Soof*; in der Türkei Çatal Hüyük und Hacilar durch *J. Mellaart*; auf Cypern Khirokitia durch *P. Dikaios*; in Jordanien Beidha durch *D. Kirkbride* und Jericho durch *K. M. Kenyon*; in Israel Eynan durch *J. Perrot* und Nahal Oren durch *M. Stekelis*) sowie auf die Ausgrabungen der kupfer- und bronzezeitlichen Siedlungsschichten von Lerna auf der Peloponnes durch *J. L. Caskey*, von neolithischen Siedlungen in Thessalien durch *V. Milojčić*, von Siedlungen aller Zeitstufen auf den Liparischen Inseln durch *L. Bernabò Brea*, von kupferzeitlichen Ansiedlungen burgartigen Charakters in Portugal (Vila Novo de S. Pedro durch *A. do Paço* und Zambujal durch *E. Sangmeister* und *H. Schubart*), von bulgarischen Tells mit mehreren neolithischen Kulturschichten (z. B. Karanovo durch *G. I. Georgiev*), von ostrumänischen und ukrainischen Siedlungen des Spätneolithikums und der Kupferzeit (Hăbăşeşti und Traian durch *V.* und *H. Dumitrescu*; Truşeşti durch *M. Petrescu-Dîmboviţa*, Kolomijščina und Vladimirovka durch *T. S. Passek*), von Siedlungen der mitteleuropäischen Bandkeramikkultur (Bylany durch *B. Soudský*, Geleen durch *H. T. Waterbolk*, Elsloo und Sittard durch *P. J. R. Modderman*), von solchen der westmitteleuropäischen Rössener Kultur (Inden durch *R. Kuper*), der frühkupferzeitlichen Schussenrieder Kultur (Ehrenstein durch *O. Paret* und *H. Zürn*), der gleichzeitigen Pfyner Kultur (Thayngen durch *W. Guyan*), der slowakischen Bronzezeitburgen Barca (durch *L. Hájek*) und Spišský Štvrtok (durch *J. Vladár*), der späthallstattzeitlichen Burg Heuneburg an der oberen Donau (*K. Bittel*, *W. Kimmig*, *E. Gersbach*) und der wegen der Regelmäßigkeit der Innenbebauung bemerkenswerten Eisenzeitsiedlung von Biskupin nahe der unteren Weichsel (*Z. Rajewski*).[92] Diese großflächigen Siedlungsgrabungen werden ergänzt durch weitgehende oder sogar komplette Untersuchungen von Gräberfeldern, die ebenfalls einen wesentlich umfassenderen Einblick in die betreffenden Kultur- und Gesellschaftsverhältnisse gewähren, als es kleine Ausschnitte aus solchen Friedhöfen vermögen.[93]

An Planmäßigkeit diesen Grabungsunternehmen an die Seite zu stellen sind die neueren Bestrebungen, einzelne Kulturgruppen, Kulturerscheinungen und Denkmälergattungen zu bearbeiten und zu edieren. Wird hier allemal an ältere Bemühungen entsprechender Zielsetzung angeknüpft, so erweisen sich Neubearbeitungen als unerläßlich nicht nur angesichts des vermehrten Fundbestandes, sondern in Anbetracht einer differenzierteren Problemstellung bei seiner chronologischen Gliederung, seiner siedlungs-, kultur- und wirtschaftsgeschichtlichen sowie seiner gesellschafts- und religionskundlichen Interpretation. Als Beispiele für die möglichst vollständige Vorlage des Fundbestandes bestimmter Zeitstufen in einzelnen Gebieten seien angeführt die Aufarbeitung der kupferzeitlichen Altheimer Kultur in Südbayern durch *J. Driehaus* und der Tiszapolgár-Kultur in Ungarn durch *I. Bognár-Kutzián*, der bronzezeitlichen Hügelgräberkultur der Oberpfalz durch *W. Torbrügge*, der älteren Bronzezeit des nordischen Raumes durch *E. Aner / K. Kersten*, der Urnenfelderkultur Südhessens durch *F.-R. Herrmann* und der südbayerischen Hallstattkultur durch *G. Kossack*.[94] Paradigmatisch für die Neuvorlage des prähistorischen Fundbestandes kleinerer Gebiete sind etwa die Arbeit von *J. Evans* über Malta und Gozo sowie einige Kreiskataloge aus Süddeutschland und Schleswig-Holstein.[95]

Beispielhaft für die systematische Neuaufnahme einzelner Denkmälergattungen sind die Bearbeitungen der Megalithgräber der Iberischen Halbinsel durch das Ehepaar *Leisner*, der schottischen Megalithgräber durch *A. S. Henshall*, derjenigen Mecklenburgs durch *E. Schuldt*, der mitteldeutschen Grabformen und Bestattungssitten des Neolithikums und der Kupferzeit durch *U. Fischer*,[96] sowie der kupfer-, bronze- und früheisenzeitlichen Waffen, Geräte, Schmuckformen und Gefäße aus Kupfer und Bronze im Rahmen des von einem internationalen Kollegenkreis getragenen PBF-Unternehmens („*Prähistorische Bronzefunde*"), das vor einigen Jahren begonnen wurde, und bei dem eine systematische Aufnahme und möglichst umfassende Edition dieser für die Erforschung der kupfer-, bronze- und früheisenzeitlichen Kulturen besonders wichtigen Fundgruppe beabsichtigt ist.[97]

So sehr diese systematischen Arbeiten auf die Erfassung und archäologische (chronologische, chorologische und funktionale) Primärordnung des Denkmälerbestandes abzielen, so unverkennbar ist, daß damit zugleich und vor allem einem weitergehenden Anliegen gedient werden soll, nämlich die mit diesen Untersuchungen gewonnenen Ergebnisse für eine allgemein-historische Auswertung nutzbar zu machen. Dabei läßt sich die Forschung von zwei Gesichtspunkten leiten: einerseits einem großräumigen, vielfach bewußt universalhistorischen Blickhorizont, andererseits einer kritischen Einstellung zu methodologischen Problemen. Diese beiden, sich wechselseitig bedingenden Aspekte führen zunächst zu einer skeptischen Zurückhaltung gegenüber gewissen in der älteren Forschung entwickelten Theorien, nicht nur solchen, die sich maßgebend auf ethnologische Rezentverhältnisse stützen,[98] sondern auch gegenüber den auf den Gedanken Kossinnas beruhenden Theorien der Indogermanenwanderungen (im Zusammenhang mit der kupferzeitlichen Schnurkeramikkultur) sowie der Wanderungen der frühen Germanen, Illyrer (bzw. der Träger der Urnenfelderkultur), Italiker (bzw. der Träger der padanischen und apenninischen Bronzezeit- und Früheisenzeitkulturen), der Griechen und Iberer.[99] Nicht, daß die Forschung grundsätzlich die Bedeutung großer Völkerwanderungen in vorantiker Zeit einschränken oder gar bestreiten würde; aber die Unbedenklichkeit, mit der einst unter Berufung auf vermeintliche historisch-archäologische Analogien einzelne Befunde in diesem Sinne ausgedeutet wurden, kann heute nicht mehr befriedigen. Statt dessen werden zunehmend andere historische Problemstellungen der heuristischen Beurteilung des Fundstoffes zugrundegelegt, die nach kritischer Prüfung eher in dessen Aussagemöglichkeit fallen, so siedlungs- und wirtschaftsgeschichtliche, sozial- und religionskundliche Fragen sowie solche nach Kulturbeziehungen, regionalen Gruppierungen von Kultureigenheiten und deren Tradition. Wenn sich die Forschung dabei wiederum gewissen bereits früher vieldiskutierten Themen (z. B. der Rolle ethnischer oder politischer Verbände, dem Ursprung und der Ausbreitung einschneidender Neuerungen wie Pflanzenanbau und Viehhaltung, Metallverarbeitung und -verwendung, Waffenarten und Befestigungsanlagen, Herrschafts- und Kultformen) zuwendet, so geschieht dies im behutsamen Voranschreiten von der Grundlage eines archäologisch neu gefestigten Fundbestandes aus. Dabei werden auf allen Ebenen der Beurteilung und Ausdeutung der konkreten Fundzeugnisse Interpretationsmodelle aus anderen historischen Bereichen in Betracht gezogen und auf ihre Verwendbarkeit bzw. Begründbarkeit hin überprüft.[100] Der Wahrscheinlichkeitsgrad solcher modellhaften Überlegungen (Hypothesen) hängt davon ab, inwieweit dadurch die einschlägigen Befunde besser erklärt werden als auf andere Weise.

Was in dieser Hinsicht für die historische Beurteilung einzelner regional oder (und) zeitlich begrenzter Erscheinungen der Fall ist, gilt entsprechend für die universale Gesamtsicht der Vorgeschichte. Hier treten all die Grundfragen wieder hervor, die bereits vor Entstehung einer geschichtswissenschaftlichen Vorgeschichtsforschung bezüglich der Urzeit des Menschengeschlechtes und seiner Kultur gestellt und spekulativ zu beantworten versucht wurden (s. oben): die thomistische Interpretation des biblischen Urzeitberichtes, der Naturalismus von Lukrez und Hobbes, die Entwicklungsüberlegungen Ibn Ḫalduns und Vicos, der Fortschrittsgedanke der Aufklärung, der Positivismus Comtes', die Hegelsche Sicht der Weltgeschichte als Entfaltung des Geistes, d. h. des Bewußtseins und der Freiheit, sowie die marxistische Theorie des historischen Materialismus. Diese geschichtsphilosophischen Antwortversuche auf die Frage nach der frühen und frühesten Geschichte des Menschen sind mit der Herausbildung der Vorgeschichtswissenschaft nicht erledigt, sondern wirken weiter und drängen sich auch der Fachforschung zur Stellungnahme auf.[101]

III. Die Quellen

Grundlage einer geschichtswissenschaftlich gewonnenen und begründeten Kenntnis der vorantiken Kultur und Geschichte sind die aus dieser Frühzeit stammenden Zeugnisse. Als *authentische Quellen* haben in der Regel nur solche Zeugnisse zu gelten, die in ihrer Entstehung und Benutzung begründeterweise in den Zeitabschnitt datiert werden können, für dessen historische Beurteilung sie ausgewertet werden sollen; falls dies nicht der Fall ist, muß der Nachweis führbar sein, inwiefern ein aus jüngerer Zeit stammendes Zeugnis für eine ältere Epoche aufschlußreich sein kann.

Die dieser Definition historischer Quellen entsprechenden Zeugnisse lassen sich insgesamt in drei Kategorien einteilen: *schriftliche* (literarische, epigraphische) und *unmittelbar-gegenständliche* (archäologische) Zeugnisse sowie *naturwissenschaftliche* (anthropologische, faunistische, botanische und geologische) Befunde.

A. Schriftquellen

Schriftquellen, ein Kennzeichen von Hochkulturen, treten erstmalig im südlichen Mesopotamien (Sumer), im angrenzenden Elam (Susa) und in Ägypten in der Zeit um 3000 v. Chr. auf.[102] In beiden Räumen steht eine je eigene Bilder-(piktographische) Schrift am Anfang, die in Sumer schnell zur Keilschrift entwickelt wurde (Elam übernahm diese), in Ägypten hingegen traditionell durch drei Jahrtausende hindurch bewahrt (Hieroglyphen), allerdings gleichfalls sehr schnell durch eine im Alltagsverkehr gebrauchte Kursivschrift (sog. Hieratisch) ergänzt wurde. Im späten 3. Jahrtausend begegnet in der Harappa-Kultur im Industal eine weitere Schrift,[103] die allerdings nicht lesbar ist, so daß die betreffenden Denkmäler zwar allgemein das Vorhandensein einer hochkulturellen Geschichtsstruktur bezeugen, nicht eigentlich aber die Aussagekraft von Schriftquellen besitzen. Vom frühen 2. Jahrtausend an treten auch in Anatolien geschriebene Dokumente auf, die zunächst in assyrischer Sprache, dann aber in einheimischen Sprachen (Hethitisch, Protoḫattisch, Palaisch und Luwisch) abgefaßt sind (teils Bilder-, teils Keilschrift).[104] Vor der Mitte des 2. Jahrtausends beginnen in Europa Schriftzeugnisse, erst beschränkt auf Kreta mit bis jetzt nicht entzifferten Schriftsystemen (Bilderschrift und sogenannte Linear A-Schrift), danach auch auf dem griechischen Festland mit einer im Prinzip lesbaren

Schrift (sogenannte Linear B-Schrift) und in einer als Urgriechisch zu bezeichnenden Sprache.[105] Entwickelt-griechische Inschriften (in Alphabetschrift) und Literaturdenkmäler (Homerische Epen) setzen im 8. Jahrhundert v. Chr. ein, sowohl im griechischen Mutterland und in Ionien als auch im westlichen Kolonialgebiet (Sizilien und Unteritalien);[106] wenig später beginnen inschriftliche Zeugnisse auch bei den Etruskern (die vom Griechischen abgeleitete Schrift ist zwar lesbar, die damit geschriebene Sprache aber bis heute nicht verständlich).[107] In Ostasien reichen die chinesischen Schriftzeugnisse bis in die Mitte des 2. Jahrtausends v. Chr. zurück und bilden von da an in ungebrochener Entwicklung eine wesentliche Geschichtsquelle des Landes; in Südasien knüpft die erst nach der letzten vorchristlichen Jahrtausendwende einsetzende literarische Überlieferung Indiens nicht an die kupferzeitliche Harappa-Kultur an.[108]

Die aus den frühen Hochkulturen auf uns gekommenen Schriftzeugnisse erscheinen auf Schriftträgern, die ihrerseits in die Kategorie gegenständlich-archäologischer Kulturzeugnisse gehören: Tontäfelchen, Holz-, Elfenbein-, Steinplatten, Papyrus- und Pergamentrollen, die ausschließlich der Aufnahme eines geschriebenen Textes dienten, aber auch Ziegeln, Steinmauern von Grabanlagen, Tempeln und Palästen, Gefäßen, Waffen, Geräten, Siegeln, Schmuckstücken, Kult- und Votivgegenständen, auf denen Inschriften angebracht wurden, um den Besitzer oder die Funktion des betreffenden Gegenstandes näher zu kennzeichnen. Mitunter geht diese Kennzeichnung an historischem Erkenntnisgehalt nicht nennenswert über das hinaus, was dem Gegenstand als solchem bzw. den Fundumständen unmittelbar zu entnehmen ist: etwa bei reinen Besitzangaben, bei Votivbezeichnungen oder bei Grabvermerken; auch Abrechnungen enthalten vielfach im Prinzip nur das, was aus den archäologischen Befunden ohnehin bekannt ist.

Darüber hinaus aber eröffnen (lesbare) Schriftquellen Einblicke in weite Bereiche des geschichtlichen und geistigen Lebens, die über das aus nur-archäologischen Zeugnissen Erschließbare hinausgehen. Das gilt sowohl für Inschriften auf Baudenkmälern oder beweglichen Gegenständen als auch für Texte auf ‚reinen' Schriftträgern. Im *politischen* Bereich sind dies Angaben über die Herrschaftsformen, die einzelnen Könige und sonst Mächtige, ihre Wirksamkeit im Innern des Staates, ihre kultischen Aufgaben, ihre Sorge für die Wirtschaft, die Rechtssprechung sowie die Verteidigung gegen auswärtige Feinde und gegebenenfalls militärische Unternehmungen außerhalb des eigenen Staatsgebietes; im *sozialen* Bereich sind es Hinweise auf das Verhältnis einzelner gesellschaftlicher Gruppen und Schichten zueinander, die Geltung und Vorrechte sozial Hochstehender, ihren Einfluß auf Staat, Wirtschaft und Kultur, die Bedeutung und Rechtsstellung von Beamten und einzelnen Berufsgruppen, die Rolle und eventuell soziale Abstufung von Abhängigen bis hin zu ganz Unfreien, die Eigenart und Stellung der Familie u.a.m.; im *wirtschaftlichen* Bereich Einzelheiten über die Landwirtschaft, Anbau- und Bewässerungsmethoden, die gewerbliche Produktion von einzelnen Handwerkern bis zu großen Staatsmanufakturen, deren Organisation und Versorgung mit Rohstoffen, den Gütertausch und Handel, die Bedeutung von Märkten, die Art der Entlohnung, des Zahlungsverkehrs, der Werthortung und des Reichtums; im *religiösen* Bereich Einblicke in die Form des Götter- und Totenkultes, von Anlässen, Gestaltung, Umfang und Inhalt von Preis-, Bitt- und Dankgebeten, Opfern, Prozessionen und anderen Kulthandlungen, Namen und Eigenschaften, Machtbereiche und Wirksamkeiten einzelner Götter, deren Verhältnis zueinander, die ihnen gemäße Verehrungsweise und die Art, wie das politische und alltäglich-private Leben auf diese einzelnen Götter sowie die göttliche Welt als Ganzes hin bezogen war, und schließlich Aufschluß über die Vorstellungen eines Jenseits und die Zusammenhänge zwischen dem Tun und Leben im Diesseits und dem Schicksal nach dem Tod.

Freilich ergeben sich selbst bei den Texten, die in einer im Prinzip lesbaren Schrift abgefaßt sind, vielfach Interpretationsschwierigkeiten, wenn die Bedeutung einzelner Wörter – gerade wenn es sich um Amtsbezeichnungen und -verrichtungen oder um glaubensmäßige Äußerungen handelt – zwar allgemein, nicht aber näherhin gesichert werden kann. Wegen der Besonderheit der epigraphischen und philologischen Methoden obliegt die Bearbeitung und Auswertung der Schriftquellen jeweils Spezialdisziplinen, die von der philologischen Grundlage aus die Geschichte, Kultur und Religion der betreffenden Sprachräume erforschen.[109]

Neben den jeweils zeitgenössischen Schriftquellen stehen solche zur Verfügung, die in der uns vorliegenden Form aus antiker Zeit stammen, aber über ältere Verhältnisse berichten. Dazu gehören Manethos Werk über die Geschichte Ägyptens vom Beginn der dynastischen Zeit an (aufgeschrieben in ptolemäischer Zeit; erhalten sind nur einzelne Partien bei Flavius Josephus aus dem 1. Jh. n. Chr. und Eusebius aus dem 4. Jh. n. Chr.), das Werk von Berossos über die babylonische Geschichte (aus dem 3. Jh. v. Chr.), Teile des Alten Testaments, die bis in die Patriarchenzeit des Volkes Israel zurückreichen, Partien der Veden, die über die Frühzeit der Arier in Indien berichten, und die chinesischen Geschichtswerke der Han-Zeit.[110] Verwerten lassen sich diese Überlieferungen nur insoweit, als sie durch zeitgenössische Zeugnisse gestützt werden können, oder wenn durch textkritische Indizien glaubhaft gemacht werden kann, daß sie tatsächlich ältere, näher datierbare Zustände wiedergeben. Im Lichte dieser methodischen Forderung sind auch diesbezügliche Mitteilungen antiker Historiker wie Herodot und Thukydides zu prüfen, aber auch die homerischen Epen, bei denen vielfach damit gerechnet wird, daß sie greifbare Darstellungen der mykenischen Bronzezeit enthalten.[111]

B. Archäologische Quellen

Archäologische Quellen stehen sowohl aus den frühen Hochkulturen als auch aus den schriftlosen Kulturen zur Verfügung. Für die letzteren bilden sie unsere einzige Erkenntnisgrundlage. Die archäologischen Quellen lassen sich im Hinblick auf ihre Funktion hauptsächlich unterteilen in Siedlungen, Gräber und Kultanlagen. Hinzu kommen Befunde, die keiner dieser Hauptkategorien angehören oder bei denen eine Zuordnung unsicher ist; das gilt – abgesehen von Einzelfunden – vor allem für die sogenannten Depot- (oder Hort-)funde (s. S. 54ff.).

Siedlungs-, Friedhofs- und Kultbefunde sind vielfach bei Ausgrabungen deutlich voneinander geschieden; doch fehlt es nicht an engen Verbindungen: nicht nur, daß am selben Platz in einer Zeitstufe eine Siedlung, in einer anderen ein Friedhof oder eine Kultstelle liegen kann; sondern es gibt nicht selten Bestattungen und Heiligtümer inmitten von Siedlungen sowie Heiligtümer zusammen mit Bestattungen.

Siedlungen

Sie können nach topographischen, nach typologischen und nach bautechnischen Gesichtspunkten gegliedert werden. Topographisch kommen für Ansiedlungen in Betracht: Höhlen, Abris, Anhöhen, Fluß- und Seeufer, Inseln im See, Fluß oder Moor, Küste sowie das flache Land.

Höhlen und Abris dienten vor allem während der Altsteinzeit als menschlicher Aufenthaltsplatz, bei Höhlen stets nur die vorderen Partien, wo Herde, Speiseabfälle und Kulturhinterlassenschaften, zuweilen auch Reste von Einbauten aus Holz oder dergleichen darauf hindeuten. Zwar finden sich auch nachpaläolithische Funde in zahlreichen Höhlen; doch dürften diese nur ausnahmsweise auf längerdauernde Wohnungen hinweisen.[112]

Höhensiedlungen, die ihre Anlage dem Wunsch nach guter Verteidigungsmöglichkeit (und gewiß nur sekundär demjenigen, sich von der hochwassergefährdeten oder versumpften Ebene abzusetzen) verdanken, wurden – wo sich von Natur aus dazu die Gelegenheit bot – vom Neolithikum an errichtet, aber bezeichnenderweise nicht in allen Zeitabschnitten und Kulturen gleichmäßig.[113] Während beispielsweise die mitteleuropäische Bandkeramikkultur Anhöhen durchweg mied, nutzten die nachfolgende Rössener Kultur sowie die anschließenden Kupferzeitkulturen die Gunst dieser Plätze mit Vorliebe aus. Dies hat zur Folge, daß solche Anhöhen oft in vielen prähistorischen Zeitabschnitten besiedelt waren, freilich nicht kontinuierlich. Mitunter sind die (oder einige) Abhänge so steil, daß sich künstliche Befestigungsanlagen erübrigten; andernfalls sind solche zu erwarten.

Bei *Ufersiedlungen* dürften sowohl das Schutzbedürfnis als auch ökonomische Überlegungen (Fischfang, Verkehr) für die Platzwahl eine Rolle gespielt haben. Das letztere ist zweifellos bei paläolithischen Rastplätzen der Fall, die sich teilweise merklich in Flußnähe häufen, ebenso bei den Niederlassungen nachpaläolithischer Jäger-Fischer-Populationen an Seeufern. Das Verteidigungsmoment tritt bei Ansiedlungen im Zwikkel zwischen Flußläufen hervor, ebenso bei den vielen Siedlungen, bei denen die Landseite durch eine Befestigung geschützt ist. Einen ähnlichen Schutz wie ein offenes Binnengewässer konnte ein Moor bieten; doch ist bei prähistorischen Siedlungsplätzen, die heute am oder im Moor liegen, zu prüfen, inwieweit dieses damals eventuell ein offenes Gewässer war. Die Frage des einstigen Wasserspiegels spielt eine Rolle auch bei Inselsiedlungen; diese können heute in weithin trockenem Gebiet liegen (wie ja auch einstige Uferrandsiedlungen heute mitunter weitab vom damals dort vorbeifließenden Fluß liegen; dasselbe kann aufgrund von Strandverschiebungen auch bei Küstensiedlungen der Fall sein).[114]

Bei den *Ansiedlungen im flachen Land* kann die landwirtschaftlich nutzbare Umgebung, die Nähe von genutzten Bodenschätzen (Gestein, Metall, Salz) oder eine Quelle die Wahl des Platzes begünstigt haben.

Bei einer typologischen Gliederung der vorgeschichtlichen Siedlungen kann man unterscheiden: Lagerplätze, Einzelhöfe, Hofgruppen (Weiler), Dörfer, Burgen und Städte.

Von *Lager-* oder *Rastplätzen* spricht man bei den vorübergehenden Niederlassungen nichtseßhafter Populationen, wie sie vor allem aus dem Paläolithikum geläufig sind (feste Siedlungen sind aus dieser Frühzeit allgemein unbekannt). Neben den Höhlen und Abris sind es Freilandstationen, bei denen bei sorgfältigen Ausgrabungen zuweilen Hinweise auf zelt- oder hüttenartige Behausungen mit Herdanlagen gewonnen werden können, weiterhin Schlacht- und Werkplätze (Steingeräthersteilung) sowie Stellen kultischer Deponierungen. Nicht selten wurden die betreffenden Plätze mehrmals von solchen Jäger- und Sammlergruppen aufgesucht.[115]

Die typologischen Übergänge zwischen *Einzelhof*, *Weiler* und *Dorf* sind fließend. Gemeinsam ist ihnen die auf eine seßhafte, in der Regel Landwirtschaft betreibende Bevölkerung zurückgehende Errichtung fester Häuser. Einzelgehöfte oder Weiler scheinen die für einige Kulturen typische Siedlungsform zu sein, z. B. für die Bandkeramikkultur. Zu den bemerkenswert großen Wohngebäuden, die mehr als einer Familie Platz boten (etwa einer Sippe), können kleinere Gebäude offensichtlich wirtschaftlichen Charakters treten. Kennzeichnend für ein *Dorf* als Siedlungstypus ist das Beisammenliegen mehrerer selbständiger Wohngebäude (jeweils mit Anlagen wirtschaftlicher Zweckbestimmung) und in der Regel einem Gebäude gemeindlicher Bedeutung, in dem die Siedlungsgemeinschaft als solche ihren Ausdruck findet. Dieses Gemeinschaftshaus kann profanen bzw. ökonomischen Charakter haben (Versammlungsstätte, kommunaler Speicherbau), scheint aber häufig ausgesprochen (oder zusätzlich) kultischer Art zu sein. Auch Befestigungsanlagen sind in dieser Weise als Gemeinschaftswerke zu werten. Geschlossene Dörfer solcher Art sind im Vorderen Orient vom frühen Neolithikum an bezeugt; auch in Südosteuropa beginnt die neolithische Kulturentwicklung mit dieser Siedlungsform; in Mitteleuropa scheint sie indes erst in einem jüngeren Abschnitt der Jungsteinzeit herrschend geworden zu sein (Rössener, Egolzwiler, Aichbühler Kultur).[116]

Als *Burgen* werden Siedlungen auf kleiner Fläche mit besonderen Befestigungsanlagen und (oder) an gut zu verteidigendem Platz bezeichnet, bei denen die Befunde auf die Wohnstätte einer sozial (und womöglich wirtschaftlich) hervorragenden Familie hindeuten. Solche Burgen können isoliert liegen; oder sie bilden das Zentrum einer größeren Siedlung dorfartigen oder städtischen Charakters (nach Art einer *Akropolis*). Im Bereich der vorderorientalischen Hochkulturen spricht man dabei von *Palästen*. Repräsentative Räumlichkeiten, sorgfältige Bauweise, besondere künstlerische Ausgestaltung, Hinweise auf Verwaltung, Archive, Vorratsspeicherung, Garnisonen, handwerkliche Produktion (Metall-, vor allem Edelmetallverarbeitung), sowie exzeptionelle kultische Anlagen oder doch eine besondere Verbindung zu solchen, bezeugen den Charakter dieser Baukomplexe als Residenz der jeweils Herrschenden. Insofern vermitteln die Paläste – zu den aus Schriftquellen bekannten Namen, Titeln, Vorfahren und Taten der betreffenden Könige – eine unmittelbare Anschauung von dem äußeren Rahmen, in dem sich das königliche Leben abspielte; darüber hinaus wird durch die archäologischen Palastbefunde unser faktisches Wissen über diese Könige, ihre Funktion, Position und Abfolge erweitert. Nicht selten beruht unser Wissen von diesen Herrschern sogar ausschließlich auf der Untersuchung ihrer Paläste. Ebenso steht es dort, wo zwar geschriebene Denkmäler vorliegen, diese aber nicht lesbar sind, wie in den minoischen Palästen, oder wo sie problemvoll bzw. wenig ergiebig sind, wie in den mykenischen Palästen oder Burgen. Spiegeln im Vorderen Orient die Palastbefunde vom Neolithikum über die Kupfer- und Bronzezeit bis zur

Früheisenzeit die Herausbildung und Entwicklung des Königtums wider, so drückt sich in den analogen Befunden Europas ebenfalls ein wesentlicher Zug der Sozialverhältnisse der betreffenden Kulturen aus: von der Kupferzeit an sind auch hier burgartige Anlagen nachzuweisen (Malthi auf der Peloponnes, Vučedol an der mittleren Donau, Zambujal in Portugal). Hier tritt bereits in Erscheinung, was auch bei Burgen späterer Zeitabschnitte festzustellen ist, daß es Plätze besonderer kultureller und wirtschaftlicher (und daraus zu folgern auch politischer) Bedeutung waren. Augenfällig ist dies bei den slowakischen Burgen der bronzezeitlichen Otomani-Kultur (16.–15. Jh. v. Chr.), den mykenischen Burgen des 14.–12. Jh. v. Chr. und den späthallstättischen Burgen Mitteleuropas (am bekanntesten ist die Heuneburg an der oberen Donau, 6. Jh. v. Chr.).[117]

Als *Städte* bezeichnet man Siedlungen, die sich von Dörfern durch eine größere Ausdehnung mit einer größeren Bevölkerungskonzentration und vor allem dadurch unterscheiden, daß sie nicht wie diese aus prinzipiell gleichgearteten Wohnstätten und landwirtschaftlichen Höfen bestehen, sondern eine sozial differenzierte Bevölkerung umfassen, die in ihren einzelnen Berufen und Ständen aufeinander bezogen ist und insgesamt eine funktionale Gemeinschaft bildet, die nur als solche (nicht als autarke Einzelbetriebe, wie beim Dorf) existenzfähig ist. Hinzukommt, daß städtische Ansiedlungen Mittelpunkte der gewerblichen Wirtschaft (Handwerker), des Gütertausches (Markt), des Kultes (Tempel) und der politischen Herrschaft (Palast, Burg) waren. Städte in diesem Sinne sind demnach ein Kennzeichen von Hochkulturen und ihren Ausstrahlungen. Die neolithischen Tellsiedlungen des Vorderen Orients lassen die Entwicklung zu städtischer Siedlungsstruktur erkennen. Vom 3. Jahrtausend an sind dort voll entwickelte Städte geläufig. Mehr noch als nur die Paläste sind die frühen Städte als Ganzes geeignet, über ihre eventuell aus Schriftquellen zu erschließende historische Bedeutung hinaus, als besonders wichtige Zentren des geschichtlichen Lebens zu erscheinen. In Europa sind städtische Siedlungselemente erstmalig in der Kupferzeit – verbunden mit burgartigen Anlagen – faßbar; im ägäischen Raum spielten sie in der Bronzezeit eine beträchtliche Rolle; während der Früheisenzeit wurden auch in Teilen Italiens (Sizilien, Großgriechenland) Städte gegründet, in anderen (Latium, u. a. Rom, Etrurien) vollzog sich in dieser Zeit die Entwicklung von Ansiedlungen dörflichen Charakters zu solchen mit städtischen Wesenszügen. Im übrigen Europa beginnen Städte offensichtlich erst wesentlich später.[118]

Eine bautechnische Gliederung der Siedlungen geht von den beim Bau verwendeten Materialien und Techniken aus und bezieht darüber hinaus die Form der Häuser, ihre Anordnung zueinander, die Anlage und Sicherung der Straßen, die Wasserversorgung sowie die Form und Bauweise der Befestigungen in die Betrachtung mit ein. Unter Zugrundelegung dieser Gesichtspunkte lassen sich allgemein Siedlungen aus Lehmziegelhäusern von solchen aus Holz- oder Holzlehmbauten unterscheiden. Die ersteren können einen Steinsockel besitzen und sind entweder als Einzelhäuser errichtet oder unmittelbar zu wabenartigen Komplexen mit unterschiedlich hohem Flachdach und Höfen im Innern aneinandergebaut (agglutinierende Bauweise). Dies ist die vorherrschende Siedlungsform im Vorderen Orient seit dem Altneolithikum. Wenn diese aus luftgetrockneten (erst handgeformten, dann kastengeformten) Lehmziegeln bestehenden (gebrannte Ziegel wurden vor allem bei mit Wasser in Berührung kommenden Partien verwendet), mehrräumigen, ein- oder mehrgeschossigen Häuser baufällig wurden, pflegte man sie – bei Fortbestand der Gesamtsiedlung – abzureißen, den Bauschutt an Ort und Stelle zwischen den erhalten bleibenden Mauerstümpfen zu planieren und darauf ein neues, gleichartiges oder etwas verändertes Haus zu errichten. So wuchs das Wohnniveau im Lauf der Zeit an; es entstanden Siedlungsschichten und insgesamt Siedlungshügel (arabisch Tell, Tepe, türkisch Hüyük, griechisch Magula), die bisweilen mehr als 10 m hoch sind. Die Straßen waren oft schmal und winklig, mitunter gepflastert und mit Kanalisationsanlagen versehen.[119]

Ganz anders stellten sich Siedlungen in vielen europäischen Vorgeschichtskulturen dar. Es herrschen rechteckige Einzelhäuser vor; in einigen mediterranen Kulturen spielen auch Ovalhäuser eine Rolle. Als Zusammenbauform kommen nur Reihenhäuser vor, die eine Länge von mehr als 70 m erreichen können (kupferzeitliche Trichterbecherkultur Dänemarks: Barkaer, und gleichzeitige Pfyner Kultur der Schweiz: Niederwil); eine Sonderform wird verkörpert von schottischen Siedlungen, die völlig aus übereinandergeschichteten Steinplatten erbaut sind und jeweils einen Komplex zusammenhängender Häuser bilden (z. B. Skara Brae). Normalerweise bestanden die Häuser in Mittel- und Nordeuropa aus Holzpfosten mit Lehm- und Stangen- bzw. Bretterfüllung und Firstdach, ein Prinzip, das vom Beginn der neolithischen Kulturentwicklung an angewandt wurde und in der Bandkeramikkultur sogar besonders großartige Vertreter aufweist. Während unter gewöhnlichen Fundbedingungen von solchen Häusern nur die Standspuren der eingegrabenen Stützpfosten (Pfostenlöcher bzw. Pfostengruben, in günstigen Fällen sogar beides) sowie Wände (Wandgräbchen) erhalten sind und nur ausnahmsweise Reste des Wandbewurfs aus Lehm, zuweilen sogar mit Tünche, Bemalung oder Ritzverzierung hinzukommen, lassen sich bei Siedlungen in jetzt moorigem Gelände oft gut konservierte Holzteile bergen, die umfassenden Aufschluß über bautechnische Details und die Zimmermannsarbeit geben (z. B. spätneolithische Siedlungen im Federseegebiet: Aichbühl, solche der Kupferzeit von Ehrenstein nahe Ulm und Thayngen bei Schaffhausen, der Spätbronzezeit von Buchau am Federsee und der Früheisenzeit in Biskupin in Großpolen). Insgesamt lassen sich bei den Häusern der europäischen Vorgeschichtskulturen im Hinblick auf die Konstruktion und die Baumaterialien, die Größe, die Grundrißform und die Unterteilung im Innern mannigfache Typen erkennen, die auf einzelne Gebiete und Zeitstufen beschränkt sind.[120]

Gräber

Die zweite große Kategorie archäologischer Denkmäler neben den Siedlungen bilden die Gräber. Zeitlich reichen sie in dieselbe paläolithische Stufe zurück, aus der einigermaßen intakte Rastplatzfunde erhalten sind (Beginn des Mittelpaläolithikums). Das Fehlen älterer Belege ist auf die ungünstigen Erhaltungsbedingungen von altpaläolithischen Funden zurückzuführen. Ebenso wie Bestattungsfunde aus allen Teilen der altsteinzeitlichen Ökumene bekannt sind (ein Hinweis darauf, daß die in dieser Sitte zum Ausdruck kommende Pietät den Verstorbenen gegenüber zu den normalen Wesenszügen der Menschheit von ihren Anfängen an gehört), liegen entsprechende Befunde aus nahezu allen späteren Kulturen vor. Dabei lassen sich wiederum nach verschiedenen Gesichtspunkten Gliederungen vornehmen: vor allem im Hinblick auf die Beisetzungsart, die Beigabenausstattung, die Grabform und den Totenkult.[121]

Hinsichtlich der *Beisetzungsart* sind Körperbestattung und Totenverbrennung zu unterscheiden. Bei der Körperbeisetzung kommt nicht selten der Lage (liegender oder sitzender Hocker, Seitenlage, gestreckte Rückenlage, Haltung der Arme) und der Ausrichtung (des Kopfes oder des Gesichtes nach einer bestimmten Himmelsrichtung, nach dem Sonnenstand während der Beisetzung oder nach einem bestimmten geographischen Ort) eine Bedeutung zu, die kennzeichnend für einzelne Kulturen oder Zeitabschnitte ist und mitunter wohl mit gewissen religiösen Vorstellungen zusammenhängt. Liegende Hocker sind für die Alt- und Jungsteinzeit sowie die Kupferzeit typisch; doch gibt es in diesen Zeitaltern zuweilen (dabei sogar in einigen Gruppen als Regel) auch Strecker, wie andererseits ausnahmsweise in der Bronzezeit noch die Sitte der Hockerlage vorkommt. Als Beispiele kulturspezifischer Ausrichtungen sei hingewiesen auf die neolithischen Bestattungen Ägyptens, die als seitliche Hocker so liegen, daß sie zum Nil blicken oder diejenigen des ägyptischen Alten Reiches (vor allem 5. und 6. Dyn.), die überwiegend nach Osten blicken, weiterhin diejenigen der jungkupferzeitlichen Schnurkeramikkultur, bei der die Hocker einheitlich in O-W- oder W-O-Richtung liegen und übereinstimmend nach Süden blicken, die spätkupferzeitliche Glockenbecherkultur, bei der N–S- oder S–N-Richtung und einheitlich Blick nach Osten typisch sind. Bei manchen Kulturen (wie etwa den letztgenannten) kommt als weitere Besonderheit hinzu, daß Männer und Frauen regelhaft eine unterschiedliche Körperausrichtung, aber gleiche Blickrichtung zeigen. In einigen Kulturen wurden auch Kleinkinder nach denselben rituellen Regeln beigesetzt wie die Erwachsenen; in anderen waren sie sichtlich davon befreit. Das betrifft die Körperhaltung und -ausrichtung ebenso wie die Beisetzung im Rahmen geschlossener Friedhöfe, indem dort, wo für Erwachsene solche Friedhöfe außerhalb der Siedlung in Benutzung waren, Kinder vielfach innerhalb derselben beigesetzt wurden (z. B. in Rom bis zur älteren Königszeit: 8. und 7. Jh.). Was die Armhaltung vor allem von gestreckt auf dem Rücken Liegenden anlangt, so weicht sie zuweilen von einer natürlichen Ruhelage merklich ab und stimmt mit der Armhaltung jeweils gleichzeitiger Statuetten überein, so daß eine besondere symbolische bzw. kultische Geste zu vermuten ist (Adoration).[122]

Vom Neolithikum an sind *Särge* bezeugt, doch waren sie Ausnahmen; sie sind aus Brettern (unmittelbar erhalten in Ägypten von der vordynastischen Zeit an, als Verfärbung auch in Europa) oder aus einem Baumstamm hergestellt (letzteres aufgrund von Bodenverfärbungen bezeugt von der späten Bandkeramikkultur an; am besten erhalten sind dank günstiger Bedingungen solche der nordischen Bronzezeitkultur). Neben Särgen aus Flechtwerk begegnen im Vorderen Orient und auf Kreta von der Kupferzeit an solche aus Ton (sog. *Larnakes*), die ovale oder rechteckige Form haben, zuweilen auch bemalt sind. Damit hängen typologisch Beisetzungen in großen Vorratsgefäßen (*Pithoi*) zusammen, die mit den Larnaxbestattungen beginnen, dann aber weiter verbreitet vorkommen als diese. Vor allem für Kinder wurde in manchen Kulturen diese Beisetzungsart gewählt, nicht selten aber auch für Erwachsene, wobei die Pithoi aufrecht standen oder quer lagen.[123]

Drückt sich in der Sargverwendung das Anliegen aus, die Toten zu schützen, so hat der Wunsch, den Verstorbenen unversehrt in seiner Körperlichkeit zu erhalten, seine vollendetste Verwirklichung in der Mumifizierung gefunden, wie sie von der Frühzeit des Alten Reiches an ausgebildet und schnell vervollkommnet wurde. Andererseits fehlt es nicht an Beispielen von *Teilbestattungen*, bei denen einzelne Körperteile vor der Beisetzung (offensichtlich rituell) abgetrennt waren (Hand, Fuß, Kopf); entsprechend begegnen dann – mitunter in denselben Gräberfeldern bzw. Kulturen – gesonderte Beisetzungen von Einzelschädeln oder -köpfen (Schädel mit Unterkiefer und oberen Halswirbeln).[124]

Neben den Einzelbestattungen stehen die *Doppel- und Mehrfachbestattungen* sowie schließlich die Kollektiv- oder Gruftbestattungen. Bei den Doppel- oder Mehrfachbestattungen wurden zwei oder mehrere Personen gleichzeitig zusammen beigesetzt, oft Mutter und Kind (z. T. Neu- oder Ungeborene) oder Mann und Frau, aber auch mehrere Erwachsene gleichen Geschlechts, mehrere Kinder oder ganze Familien. Solche Befunde gibt es aus den verschiedensten Kulturen und Zeiten, bis hinunter zum Paläolithikum. Sie dürften in der Regel gleichzeitig Verstorbene umfassen; doch sprechen mitunter spezielle Beobachtungen (Lage oder Spuren von Schädelverletzung) für eine Tötung jeweils Einzelner, was auf die aus späterer Zeit bezeugte Sitte der Witwenmitbestattung hindeutet. Von hier aus geht der Blick auf vorderorientalische Königsgräber (am berühmtesten sind diejenigen der frühdynastischen Zeit von Ur), bei denen anläßlich der Beisetzung des Herrschers zahlreiche Menschen mit in den Tod gingen und mit beigesetzt wurden.[125]

Von diesen Gruppenbeisetzungen unterscheiden sich die sogenannten *Kollektiv- oder Gruftbeisetzungen* dadurch, daß bei ihnen in einer zugänglich gehaltenen Kammer während eines gewissen Zeitraumes wiederholt bestattet wurde, sei es jeweils in Särgen, sei es ohne solche. Dabei wurde bei Vollbelegung der verfügbaren Kammerfläche entweder über die älteren Beisetzungen eine Erd-Stein-Lage geschüttet und darauf neu bestattet; oder es wurden die Reste der älteren Bestattungen zur Seite geschoben (eventuell die Schädel aufeinandergetürmt) oder aber ganz ausgeräumt und sekundär vergraben. Diese Gruftbestattung war vor allem in vielen kupferzeitlichen Kulturen Europas geläufig, aber auch in der bronzezeitlich-mykenischen sowie der früheisenzeitlich-etruskischen Kultur.[126]

Totenverbrennung, seit der Jungsteinzeit nachgewiesen, wurde in einigen Kulturen neben der Körperbeisetzung geübt (z. B. neolithische Stichbandkeramikkultur, kupferzeitliche Megalithgruppen Großbritanniens und Badener Kultur Ungarns, ältereisenzeitliche Hallstattkultur), wobei zumeist nicht ersichtlich ist, welche Gründe (sozialer oder religiöser Art) diese Unterscheidung bewirkten. Andererseits tritt die Sitte der Totenverbrennung zumeist als vorherrschende oder gar ausschließliche Bestattungsart einiger Kulturen bzw. Gruppen auf (Schönfelder Gruppe der Kupferzeit, pannonische Bronzezeitkultur, Lausitzer und süddeutsche Urnenfelderkultur). In einigen Geschichtsräumen läßt sich im Zuge einer kontinuierlichen Kulturentwicklung ein Wandel von der Körper- zur Brandbestattung oder umgekehrt feststellen (z. B. Villanova-Kultur, geometrische Kultur Griechenlands). Bei der Brandbestattung wurden die Toten vielfach zusammen mit Beigaben auf dem Scheiterhaufen verbrannt, die kalzinierten Knochen (Leichenbrand) ausgelesen und entweder ohne weiteren Schutz (bzw. in einem Behältnis aus organischem Material) in die Grabgrube gebracht (sogenanntes Brandschüttungsgrab) oder in einem Ossuarium aus Ton oder Bronze (Urnengrab), vereinzelt auch in einem solchen aus Stein (sogenannte

Aschenkiste), geborgen. Die Urnen pflegen durch einen Deckel oder eine Schale abgeschlossen zu sein.[127]

Grabbeigaben sind aus den meisten prähistorischen Kulturen bekannt, beginnend mit dem Paläolithikum. Bestattungen ohne solche (d. h. ohne solche aus unvergänglichem Material) sind in der Regel zeitlich und kulturell nicht bestimmbar (nur in besonderen Fällen sind die Totenhaltung oder die Grabform so charakteristisch, daß eine kulturelle Zuweisung allein darauf gestützt erfolgen kann). Nicht auszuschließen ist, daß gewissen Kulturen die Sitte der Grabbeigaben überhaupt nicht eigen war, womit für uns ein wesentliches Element der archäologischen Beurteilung entfällt. Grabbeigaben sind für uns in mehrerer Hinsicht aufschlußreich: zunächst im Hinblick auf die Zeitstellung, sodann für die Unterscheidung von Männer- und Frauenbestattungen; und schließlich bieten die Beigaben (vor allem, wenn nähere Fundbeobachtungen über ihre Lage beim Skelett bekannt sind) wichtige Aufschlüsse über Schmuck- und Trachteigentümlichkeiten, die Bewaffnung, über soziale Kennzeichen, kultische Sitten und religiöse Vorstellungen sowie über typologische, stilistische und handwerkliche Besonderheiten der betreffenden Gruppen. Allgemein dürften die Grabbeigaben aufzufassen sein als (Abschieds-)Geschenke der Hinterbliebenen für die Verstorbenen, als (rechtliches) Eigentum der Verstorbenen, das ihnen nicht genommen werden durfte, und als Bestandteile des Sepulkralkultes, wozu gegebenenfalls auch Bezüge zu mythischen Vorstellungen des Jenseitsschicksals gehörten.

Schmuckbeigaben umfassen Nadeln oder Fibeln zum Zusammenhalten des Gewandes, einzeln oder paarweise verwendet, Perlen und Anhänger von Halsketten, Arm- und Beinschmuck in Form von Ringen, Bändern, Spiralen und Ketten, Gürtelzier und Kleiderbesatz, Diademe, Frisur- und Kopfbedeckungsschmuck. Dabei wurden in der Alt- und Jungsteinzeit Elfenbein, Knochen und Geweih, Muscheln und Stein verarbeitet; im Laufe des Neolithikums und in der Kupferzeit trat Metall hinzu, erst Kupfer und Gold, dann Silber und Bronze. Die Vielfalt der Formen ist schier unerschöpflich; die einzelnen Ausprägungen sowie ihre Kombination zu bestimmten Garnituren spiegeln jeweils bezeichnende Eigenheiten einzelner Kultur- und Bevölkerungsgruppen in Raum und Zeit wider. In der Regel lassen sich weibliche von männlichen Ausstattungen unterscheiden. Zumeist begegnet als Grabbeigabe der von den Verstorbenen zu Lebzeiten getragene Schmuck (wie Abnutzungsspuren und Reparaturen bezeugen); manchmal indes – vor allem bei besonders reich ausgestatteten Toten – wurden unverkennbar Schmuckstücke eigens für die Bestattung angefertigt, die teils Nachbildungen echter Schmuckformen, teils reine Ritualobjekte waren. Neben den Schmuckformen aus unvergänglichem Material sind nur selten Kleidungsreste aus Gewebe, Leder und Fell erhalten, am weitestgehenden in den Gräbern aller Zeitstufen am trockenen Wüstenrand Ägyptens und in den Baumsärgen der nordischen Bronzezeitkultur, sonst vornehmlich als Abdrücke in der Patinierung von Kupfer- und Bronzegegenständen.[128]

Waffen wurden von der Jungsteinzeit an mitgegeben; nicht alle Männer haben solche bei sich; es gibt sogar Kulturen, bei denen die Waffenmitgabe ganz ungeläufig war, obgleich nachweislich Waffenformen bekannt waren; hier genügte bereits die Sitte, die Waffe zu vererben oder sie an bestimmten Plätzen (in Mooren, Flüssen, Heiligtümern) zu deponieren, um das Fehlen in den Grabfunden zu bewirken. Andererseits kommt es in einigen Kulturen vor, daß außer den Männern auch verstorbenen Knaben Waffen mit in die Gräber gegeben wurden, sei es als tatsächlicher Besitz – im Sinne vielleicht eines Standeskennzeichens –, sei es als Ersatz für das im Leben nicht voll Erreichte. An Angriffswaffen sind bekannt Streitäxte (bzw. -beile, seit der Jungsteinzeit, erst aus Geweih, Knochen und Stein, dann aus Kupfer und Bronze, zuletzt auch aus Eisen), Dolche (seit der Kupferzeit, anfänglich aus Stein und Kupfer, dann aus Bronze, vereinzelt aus Edelmetall und aus Eisen), Schwerter (in der Kupferzeit ganz vereinzelt im Orient, üblich von der Bronzezeit an aus Bronze, in der Eisenzeit auch aus Eisen), Speere mit Spitzen aus Stein oder Metall sowie Pfeil und Bogen, an Schutzwaffen, im Vorderen Orient nachgewiesen seit der Kupferzeit, in Europa seit der Bronzezeit: Helme, Panzer, Beinschienen und Schilde. Die Metallausführungen dieser Schutzwaffen waren in der Regel gewiß auf eine soziale Oberschicht beschränkt. Auch bei ihnen ist festzustellen, daß nicht überall, wo es diese Schutzwaffen gab, es Brauch war, sie ihrem Besitzer mit ins Grab zu geben (so in der mykenischen Kultur und bei den frühen Etruskern); beispielsweise treten in Mittel-, Nord- und Westeuropa diese Waffengattungen zumeist nicht in Gräbern, sondern außerhalb derselben auf. Wie bei den Schmuck- und Trachtbestandteilen so können auch für die Ausstattung mit Schutz- und Trutzwaffen die Grabbefunde ergänzt werden durch bildliche Darstellungen aus den betreffenden Kulturen.[129]

Bedeutet die Ausstattung mit Waffen eo ipso eine *soziale Kennzeichnung*, so erst recht im Falle besonders reicher Waffenbeigaben (vor allem mit metallenen Schutzwaffen, oder wenn von einer Waffenart mehrere Exemplare begegnen, wie in den Schachtgräbern von Mykenai). In diesem Sinne zu deuten sind dann auch Ritualnachbildungen z. B. von Helmen aus Bronze oder aus Ton (in der Villanova-Kultur vielfach als Urnenbedeckung verwendet). Auch bei Tonnachbildungen von Schuhen dürfte an besondere Standeskennzeichen gedacht werden (z. B. in der jungbronzezeitlichen Urnenfelderkultur Mitteleuropas sowie der Früheisenzeit-Kultur Italiens und Griechenlands). In den orientalischen

Hochkulturen treten Kronen und Szepter als exzeptionelle Herrschaftszeichen auf, ähnlich auch in den Schachtgräbern von Mykenai. Szepterartige Steinäxte in Tiergestalt kennzeichnen kupferzeitliche Fürsten von Kreta und dem unteren Donaugebiet bis zum Kaukasus und Finnland. Typologisch verwandte Formen sind bis in die Früheisenzeit hinein (aus Bronze hergestellt) als besondere Standessymbole zu belegen.[130]

Neben den Hinweisen auf sozial Hervorragende bieten die Grabbeigaben nur vergleichsweise selten Anhalte für spezielle berufliche Tätigkeiten oder eine sonstige Zugehörigkeit zu bestimmten Gesellschaftsgruppen der Bestatteten. Das muß nicht besagen, daß eine solche soziale Differenzierung nicht vorhanden war; vielmehr wirkt sich hier die egalisierende Kraft von Sepulkralriten aus (besonders deutlich zu verfolgen in Ägypten, wo nur die Grabinschriften, nicht aber die Beigaben Aufschluß über die berufliche und soziale Stellung des Verstorbenen geben). Um so stärkere Beachtung verdienen einige bronze- und früheisenzeitliche Gräber, die offensichtlich Metallhandwerkern gehörten.[131]

Unter den Grabbeigaben, die ausgesprochen auf die *religiöse Dimension* des Bestattungsrituals und des Totenschicksals bezogen sind, spielen menschliche Darstellungen als plastische Figur oder Zeichnung eine besondere Rolle. Teils stellen sie den Verstorbenen selbst in einer kultischen Haltung dar, teils Diener oder Angehörige, teils – von der Kupferzeit an – auch mythische Götter und Göttinnen. Hinzukommen zoomorphe und kosmische Symbole, die entweder an Zierstücken oder an Gefäßen angebracht sind oder als selbständige Gegenstände erscheinen, ferner Ritualgefäße für Speiseopfer, Libationen und Räucherungen oder Brandopfer.[132]

Zu den geläufigsten Grabbeigaben vom Neolithikum an gehören Tongefäße, die Speise und Getränke enthielten. Da Keramik auch aus Siedlungen in reichem Maße vorliegt und sich in ihrer typologischen, technologischen und ornamentalen Ausprägung regional und chronologisch gut bestimmen läßt, kommt ihr in den Gräbern in dieser Hinsicht eine besondere Bedeutung zu.

Hinsichtlich der *Grabformen* lassen sich zunächst Gräber, die obertägig nicht kenntlich oder doch nur insoweit kenntlich waren, als dadurch im Rahmen eines Friedhofes die Störung durch ein späteres Grab verhindert werden sollte, unterscheiden von Grabmonumenten, die die Bestattungsstätte zu einem sichtbaren Denkmal machten. Die erste Art ist die während der Alt- und Jungsteinzeit allein bekannte: Höhlenbestattungen gehören ebenso hierher wie *einfache Erdgräber* oder besser ausgekleidete Schächte, wie sie auch nach der Jungsteinzeit in vielen vorgeschichtlichen Kulturen geläufig waren. *Grabmonumente* treten demgegenüber erst in der Kupferzeit auf, im Vorderen Orient ebenso wie in Europa. In Ägypten sind dies die Mastabas, die königlichen Pyramiden und die Felskammergräber mit monumentaler Fassade, in Europa die runden oder viereckigen Grabhügel (Tumuli) mit einer eingetieften oder ebenerdigen Grabkammer aus Steinblöcken oder Holzbalken, die gemauerten Kuppelgräber (Tholoi) in künstlichen Hügeln oder natürlichen Hängen sowie die Felskammergräber. Diese Gräber, jeweils oft bis zu vielen Hundert in Nekropolen zusammenliegend, sind in mannigfacher typologischer Abwandlung von der Kupferzeit bis in die ältere Eisenzeit bekannt (Rundhügel der kupferzeitlichen Megalithkultur sind bis 90 m im Dm. und 12 m H. groß: Boyne-Schleife, Irland, solche der Hallstattkultur bis 80 m im Dm. und 13 m H.: Hohmichele, Württemberg). Ohne Ausgrabung stößt eine Datierung vielfach auf Schwierigkeiten; oft ist sie freilich ohne weiteres möglich. Archäologisch untersucht, erweisen sich die einzelnen Ausprägungen der Grabformen als ebenso typisch für bestimmte Kulturen wie die Beigaben und die Bestattungsart.[133]

Zum *Totenkult* werden alle rituellen Handlungen und Anlagen gerechnet, mit denen nach Beendigung der Beisetzung mit dem Toten eine kultische Verbindung zu halten versucht wurde. Das ist der Fall bei den notwendig zu jedem ägyptischen Königsgrab gehörigen Totentempel und der zu jedem Privatgrab gehörigen Kultkammer oder wenigstens Kultstele, in Mesopotamien beispielsweise bei Anlagen wie dem tempelartigen Mausoleum nahe den Königsgräbern von Ur, in Griechenland z. B. bei dem jahrhundertelang benutzten Kultplatz über den königlichen Schachtgräbern von Mykenai und im übrigen Europa bei den zahlreichen, auf Totenopfer hindeutenden Befunden über und bei den Grabmonumenten der Kupferzeit und späterer Zeitalter.[134]

Kultstätten

Die von einem Totenkult herrührenden Befunde leiten über zu der dritten Hauptkategorie archäologischer Vorgeschichtsquellen, den Kultstätten. In den *vorderorientalischen Hochkulturen* sind dies die zahlreichen *Tempel*, die oft inmitten geschlossener Ansiedlungen liegen, aber auch dann in der Regel gegenüber diesen topographisch und architektonisch eine Sonderstellung einnehmen. Die Schichtenfolge der mesopotamischen Tells vermittelt einen Einblick in die Entstehung der ältesten Tempeltypen während des Neolithikums sowie in die typologische Entwicklung und in mannigfache religionsgeschichtlich aufschlußreiche Einzelheiten bis zu den früheisenzeitlichen Assyrern. Zu unterscheiden sind hauptsächlich Zikurrati (Hochtempel auf gestuften Ziegelsockeln) und ebenerdig erbaute Tempel. Neben den Palästen sind die mesopotamischen Tempel nicht nur die wichtigsten Denkmäler der Baukunst, sondern bedeutsam wegen der dort zum Vorschein gekommenen beweglichen Kunstwerke und anderen Kulturzeugnisse. In Ägypten stehen die Tempel des Neuen Reiches (von denen des Mittleren und Alten Reiches sind nur vergleichsweise wenig Reste erhalten) ebenbürtig neben den monumentalen Grabdenkmälern. Ebenso wie dort sind auch die zahlreichen Bronzezeittempel der Hethiter mit ihren z. T. riesigen Dimensionen und prächtigen Ausstattungen, vor allem diejenigen in der Hauptstadt Boğazköy, eindrucksvolle Zeugnisse der Bedeutung der Religion und des Kultes in diesen Kulturen.[135]

In *Europa* beginnen Tempel (im orientalischen Sinn, d. h. Kultgebäude mit dem Kultbild einer Gottheit als Herzstück) in der griechischen Früheisenzeitkultur (Heratempel von Olympia), in Italien – abgesehen von den griechischen Kolonien – bei den Etruskern noch etwas später; in Rom ist es der 509 v. Chr. geweihte Jupitertempel auf dem Kapitol. Zuvor aber gab es in den europäischen Vorgeschichtskulturen allenthalben Anlagen und Befunde kultischen Charakters. Die bekanntesten und großartigsten sind die kupferzeitlichen *Tempelbauten Maltas* (Tarxien, Ġgantija usw.), die britischen *Henge-Rotunden* (Stonehenge, Avebury usw.) und die bretonischen *Menhiralleen* (bei Carnac). Aus mehreren Kulturen bekannt sind Kultplätze mit Opfer- und Votivgaben (Statuetten, Keramik, verbrannten Tierknochen und Figuren von Tieren) auf *Anhöhen* (z. B. mittelminoische Stufe Kretas, ältere und mittlere Bronzezeit des nördlichen Alpengebietes) und in *Höhlen* (in Griechenland von der Kupferzeit bis in die Antike hinein, ähnlich in Italien, in Mitteleuropa z. T. sogar bereits seit dem Neolithikum). Auch die inneren, vom Tageslicht nicht erreichten und nicht als Wohnstätte benutzten Partien französischer und spanischer Höhlen, in denen altsteinzeitliche Wand- und Deckenmalereien, Zeichnungen und Lehmplastiken angebracht sind, dürfen hier genannt werden, insofern diese Bildwerke in die Kategorie kultischer Darstellungen (Votivbilder) gehören.[136]

Außerdem erweisen sich *Moore*, *Seen*, *Flüsse* und *Quellen* als Plätze, wo Opfer- und Votivgegenstände deponiert wurden; dabei spielen bronzene Waffen, Schmuckstücke und Geräte eine besondere Rolle; aber auch Tongefäße mit Nahrungsmitteln begegnen in diesem Zusammenhang. Den kultischen Charakter dieser Deponierungen unterstreichen die Fundumstände, die Auswahl bzw. Vergesellschaftung bestimmter Formen (z. B. paarweises Erscheinen von Bronzegefäßen usw. in nordischen Mooren) und die spezielle Ausführung einiger Stücke (z. B. Miniatur- oder Modellnachbildung von Waffen).[137]

Weitere Funde

Neben den Befunden, die erkennbar von Siedlungen, Gräbern oder Heiligtümern herrühren, gibt es Funde, bei denen diese Zugehörigkeit nicht von vorne herein gegeben, sondern eine Deutung der Vergrabungsmotive problematisch ist. Am bedeutsamsten sind dabei die sogenannten *Depotfunde* (oder Hortfunde). Allgemein versteht man darunter Befunde, bei denen mehrere Gegenstände so zusammenlagen, daß sie zum selben Zeitpunkt vergraben worden sein müssen. Solche Depots bestehen meist aus Kupfer-, Bronze- oder Edelmetallgegenständen: Schutz- und Angriffswaffen, Geräten, Gefäßen, Schmuckstücken verschiedenster Art, Pferdegeschirr- und Wagenteilen, jeweils in vollständigem (gußneuem oder gebrauchtem) oder in zerbrochenem Zustand. Dabei erscheinen entweder nur Stücke jeweils einer Gattung, womöglich in einer bestimmten Auswahl (z. B. nur Schwerter oder Streitäxte, nur Waffen; nur Nadeln oder Armringe, nur Schmuck; nur Beile oder Sicheln, nur Geräte usw.), oder kombiniert vollständige *und* zerbrochene Stücke oder aber ausschließlich absichtlich zerbrochene Gegenstände (Brucherz). Die Größe solcher Depots schwankt sehr: von zwei Gegenständen bis zu mehreren tausend (S. Francesco in Bologna, um 700 v.Chr.: 15000 Stücke, insgesamt 1400 kg; Hammersdorf/Guşteriţa, Siebenbürgen, um 1200 v.Chr.: mehr als 5000 Stücke, insgesamt 800 kg). Diese Gegenstände sind oftmals in einem Tongefäß deponiert, oft aber liegen sie ohne ein solches im Boden (einst eventuell in einem Behältnis aus organischem Material).[138]

Auch Steingeräte (Beile, Äxte, Dolche, Klingen) erscheinen als Depots, zumeist jeweils eine einzige Gattung, im Nordischen Kreis bis zu mehreren hundert Stück. Außerdem gibt es Depots aus Tongefäßen.[139]

Depots aus Metallgegenständen sind mitunter auch in Ansiedlungen und in Heiligtumsbezirken zum Vorschein gekommen. Die ersteren sind in der Regel als vergrabene *Schätze* zu deuten, zu deren Hebung die Besitzer aus irgendwelchen Gründen nicht mehr gekommen sind (Entsprechendes ist aus antiken und späteren Siedlungen hinreichend bekannt), die letzteren allgemein als deponierte *Votivgaben* (auch hier bieten antike Heiligtümer genügend analoge Befunde). Problematisch ist die Deutung indes bei Depots ohne diesen topographischen Zusammenhang. Im Prinzip kommen hier sicher ebenfalls jene beiden Interpretationen in Betracht; und es ist im Einzelfall sowie für einzelne Gruppen solcher Depots aufgrund des Typeninhaltes, der Fundumstände und des Verhältnisses zu jeweils gleichzeitigen Grabausstattungen und gesicherten Votivkollektionen zu prüfen, welcher Interpretation die größere Wahrscheinlichkeit gebührt. Der Erkenntniswert der Depots liegt im einen Fall auf religionskundlichem, im anderen auf wirtschaftsgeschichtlichem Gebiet (Form des Wertträgers und -messers, Werthortung). Eventuell – sofern die Vergrabung auf Kriegsereignisse zurückgeführt werden kann (vergleichbar den kaiserzeitlichen Münzschätzen in Gallien und Germanien) – vermag eine bestimmte Depotfundgruppe Einblicke in ein politisches Geschehen zu vermitteln.[140]

Sehen wir von einigen alt- und jungsteinzeitlichen Deponierungen von Steingerätkollektionen ab, so beginnen Depots als Fundgattung in der Kupferzeit, zunächst anscheinend mit Kupfergegenständen, dann solchen aus Stein. Insgesamt verteilen sich die bekannten Depotfunde nicht gleichmäßig auf die einzelnen Zeitabschnitte bis zur Früheisenzeit sowie die einzelnen Kulturen; vielmehr häufen sie sich in einzelnen Gebieten und Zeithorizonten (in weiten Teilen Europas beispielsweise in der altbronzezeitlichen Langquaid-Stufe und der späturnenfelderzeitlichen Wallstadt-Stufe). Zuweilen sind sie die wichtigste Quellengattung einer Kultur (in extremer Weise im westfranzösischen Armorika, wo aus der Früheisenzeit aus Depots mehr als dreißigtausend Tüllenbeile bekannt sind, aber so gut wie keine zugehörigen Siedlungs- und Grabfunde).

Seltener als die bisher genannten Quellengattungen sind schließlich Befunde, die, außerhalb von Ansiedlungen gelegen, von bestimmten Wirtschaftsunternehmungen herrühren: vor allem *Bergbauanlagen*, in denen Feuerstein, Metall oder Salz gewonnen wurden. Gewisse Funde lassen sich mit Almwirtschaft oder mit dem Begehen bestimmter Verkehrswege in Verbindung bringen. Aus dem Paläolithikum sind *Jagdfunde* bekannt, bei denen Tierreste und ad hoc geschlagene Steingeräte sowie zuweilen eine Jagdwaffe auf die Erlegung und Zerteilung eines großen Jagdwildes hinweisen; ähnlich dürften überhaupt Ansammlungen von altsteinzeitlichen Geräten an manchen Plätzen (z. B. an Gewässern) zu deuten sein.[141]

Eine weitere Gattung prähistorischer Kulturzeugnisse umfaßt Zeichnungen und Malereien, die an Felswänden angebracht sind und nicht nachweisbar mit anderen Hinterlassenschaften in Verbindung stehen (und durch diese datiert werden können). Abgesehen davon, daß dies letztere mitunter doch der Fall ist – vor allem bei Felsbildern paläolithischen Alters –, ergibt sich die Möglichkeit einer zeitlichen Einordnung häufig dadurch, daß stilistisch oder typologisch verwandte Darstellungen auf datierbaren Fundstücken wiederkehren. Insgesamt verteilen sich die bekannten Felsbilder auf nahezu alle Zeitabschnitte, vom Jungpaläolithikum bis zur Früheisenzeit, und auf alle altweltlichen Kontinente, wobei in der Regel einzelne landschaftliche Gruppen typologisch, technologisch und chronologisch näherhin bestimmt werden können.[142]

Außer den planmäßig durchgeführten Ausgrabungen und den wenigstens mit verläßlichen Fundangaben versehenen Zufallsentdeckungen gibt es eine nicht kleine Anzahl von Fundstücken, die unsachgemäß geborgen wurden, und bei denen oft nicht einmal der Fundort bekannt ist. Wenngleich dadurch ihre Verwertbarkeit eingeschränkt ist, können sie nicht einfach übergangen werden. Besondere Aufmerksamkeit ist dabei allerdings der Echtheitsfrage zu widmen: Fälschungen spielen von der Mitte des vorigen Jahrhunderts bis in die jüngste Zeit hinein in der Forschung eine tückische Rolle.[143]

C. Naturwissenschaftliche Befunde

Hier zu unterscheiden sind vor allem Befunde und Untersuchungen, die unmittelbar *Reste von Menschen* betreffen, und solche, die sich auf die *landschaftliche Umwelt* mit der Fauna, der Flora und dem Klima sowie den verfügbaren und *verarbeiteten Rohstoffen* beziehen.[144]

Für die ersteren Befunde ist die somatische (oder physische) Anthropologie zuständig. Dabei handelt es sich im allgemeinen um Skelette bzw. Skelettreste (nur ausnahmsweise sind weitere Teile des menschlichen Körpers erhalten, so in ägyptischen Gräbern dank ihrer Lage im trockenen Wüstengebiet oder wegen der Einbalsamierung sowie in nordischen Baumsärgen und in Mooren). Entscheidend ist hier allemal die (durch die Fundverhältnisse zu sichernde) Zeitbestimmung; das gilt gleicherweise für Menschenfunde, die wegen ihres *rassischen Gepräges* (z. B. solche der Glockenbecherkultur oder der Paläoindianer Amerikas) wie für solche, die wegen bestimmter anderer *Körpermerkmale* (z. B. Verhältnis von blonden zu schwarzen Haaren in den prädynastischen Gräbern Ägyptens) bzw. *Krankheiten* oder wegen bestimmter künstlicher Eingriffe (z. B. Schädeltrepanation in kupferzeitlichen Kulturen) oder *Verletzungen* (vernarbte Verwundungen oder solche, die den Tod des betreffenden Individuums herbeigeführt haben dürften, sei es als Kriegsverletzung, z. B. wenn eine Geschoßspitze noch im Knochen steckt, sei es als Hinweis auf eine rituelle Tötung) oder wegen gewisser, mit Bestattungssitten zusammenhängender Eigentümlichkeiten (z. B. Kopfbeisetzungen, Schädeldepositionen) bemerkenswert sind. Die Datierbarkeit spielt aber auch bei den Menschenfunden eine entscheidende Rolle, die somatisch nicht (rein) homo-sapiens-artig sind, sondern neanderthaloide oder noch stärker abweichende, urmenschliche Züge zeigen (pithecanthropus erectus, zahlreiche Funde Afrikas bis hin zu den Australopithecinen). Wenn früher solche Funde allein wegen ihres morphologischen Charakters in ein apriorisches Evolutionsschema eingereiht wurden, so wird heute betont, daß solche Funde einen wirklichen Beitrag zur anthropologischen Entwicklungsgeschichte nur dann leisten können, wenn ihre Altersstellung als gesichert anzusehen ist. Untersuchungen von Menschenresten in prähistorischem Fundzusammenhang haben – außer den oben angedeuteten Aspekten – eine Bedeutung auch für populations- und sozialkundliche Fragen (Sterblichkeit,

Verhältnis der Geschlechter und der Altersstufen zueinander, Abgrenzung von Kulturen).[145]

Andere naturwissenschaftliche Befunde und Untersuchungen beziehen sich auf die natürliche Umwelt, in der der vorgeschichtliche Mensch lebte. Geologische, bodenkundliche, in Verbindung mit paläontologischen Bestimmungen paläolithischer Freilandstationen belehren über die *klimatischen* und *landschaftstypologischen Verhältnisse* sowie vor allem über die zur Verfügung stehenden und bevorzugt als Jagdwild dienenden *Tierarten*, wobei die letzteren freilich bereits ein kulturgeschichtliches Moment enthalten, indem diese Bevorzugung bestimmter Jagdwildarten (bis hin zur Spezialisierung auf eine solche) durchaus nicht einfach ein Abbild natürlicher Gegebenheiten ist. Nähere Untersuchungen am Tierknochenbestand können Aufschluß über bestimmte Jagdmethoden geben.[146]

Geologisch-bodenkundliche und pollenanalytische Untersuchungen können auch für nachpaläolithische Fundplätze von Bedeutung sein, namentlich dort, wo der Landschaftscharakter sich gegenüber dem heutigen gewandelt hat (bei Seeufern, Mooren, Oasen oder Trockengebieten), aber auch dort, wo die wirtschaftliche Nutzungsweise eines Gebietes durch eine prähistorische Bevölkerung von der Bodenart abhängig war (z. B. fruchtbarer Lößboden für den Ackerbau, Steppenböden für die Viehzucht).[147]

Zoologische und botanische Bestimmungen von Tierknochen und Pflanzenresten (verkohlte Körner oder Abdrücke, in Moorböden auch weitere Reste) in prähistorischen Siedlungen werfen Licht auf die *Haustierhaltung* und den Anbau von *Nutzpflanzen* sowie den Anteil, den darüber hinaus Jagd, Fischfang und Pflanzensammeln für die Ernährung spielten. Ebenso sind Materialbestimmungen von Elfenbein (ob rezent oder fossil), von Bernstein (ob baltischer oder mediterraner Herkunft), von seltenen Gesteinen, die zu Schmuckstücken oder Geräten verarbeitet wurden (z. B. Lapislazuli, Obsidian, Alabaster, Nephrit), von Straußeneierschalen, von Muschelarten u. a. m. für die Ermittlung *kultureller Kontakte* von Wichtigkeit.[148]

Auf chemischen bzw. spektralanalytischen Untersuchungen prähistorischer Metallgegenstände beruht unsere Kenntnis *metallurgischer Techniken* und verwendeter Erze. Überhaupt erweist sich die Hinzunahme naturwissenschaftlicher Prüfungsverfahren bei der Bearbeitung vorgeschichtlicher Fundstücke als förderlich, wenn nicht gar notwendig. Röntgenuntersuchungen gewähren Einblicke in das Innere zusammengesetzter Metallgegenstände (z. B. Befestigungskonstruktion von bronzenen Vollgriffschwertern) und in eingelegte Verzierungen von patinaüberwucherten oder verrosteten Gegenständen (z. B. Silbertauschierung); Dünnschliffuntersuchungen von Tongefäßen geben Aufschluß über verarbeitete Tone und eventuell spezielle, näherhin zu lokalisierende Mineralbestandteile; die systematische Untersuchung der Jahresringe von Holzstämmen, wie sie sich aus Siedlungen in moorigem Boden erhalten haben, läßt erkennen, im Verlauf von wieviel Jahren das insgesamt für die Häuser und die Umfassungspalisade eines Dorfes verarbeitete Holz geschlagen wurde. Auch für die Entlarvung von Fälschungen kommt naturwissenschaftlichen Nachprüfungen mitunter eine segensvolle Bedeutung zu.[149]

IV. Chronologie

Wie in allen Sparten der Geschichtswissenschaft so hängt auch in der Vorgeschichte die historische Auswertbarkeit der Quellen davon ab, ob und inwieweit ihre Zeitstellung geklärt ist. Zunächst und vor allem kommt es darauf an, die relative Chronologie (d. h. die zeitliche Relation der Einzelerscheinungen zueinander) zu sichern, dann aber auch nach Möglichkeit die absolute Chronologie (d. h. die Bestimmung nach Jahren, Jahrhunderten oder Jahrtausenden).

A. Relative Chronologie

Altsteinzeit

Die Grundlage der paläolithischen Chronologie bilden die stratigraphischen Superpositionen von Kulturhinterlassenschaften (Geräten) unterschiedlichen typologischen Charakters in Höhlen und Freilandfundplätzen. Voraussetzung einer Verwertung solcher Befunde für chronologische Zwecke ist der Nachweis, daß es sich um ungestörte Schichten handelt. Da die Schichten, in denen die Funde eingeschlossen sind, natürlichen Ereignissen ihre Entstehung verdanken (Aufschotterung von Flußterrassen, Lößanwehung, Braunlehmbildung durch langedauernden Waldbestand, Travertinschichten, Anschwemmungen, in Höhlen Deckenabbröckeln, Frostbruchschutt, Lehmeinschwemmung), muß der Nachweis ihrer Ungestörtheit in der Regel von geologischer Seite erfolgen. Von daher und von seiten der Paläontologen sind auch Hinweise auf die klimatischen Verhältnisse sowie den Tierbestand während der Entstehung der einzelnen Schichten zu gewinnen. Auf diese Weise kann eine Einordnung in die geochronologische Pleistozängliederung erreicht werden (im allgemeinen: Wechsel von Eiszeiten = Glazialen und Zwischeneiszeiten = Interglazialen; innerhalb einzelner Areale wiederum Schwankungen z. B. in Gestalt von Stadialen und Interstadialen). Freilich ist zu bedenken, daß sowohl bei der Verknüpfung von Flußterrassen mit Endmoränenzügen als auch bei der Interpretation von Lößprofilen und Höhlensedimenten und vor allem bei der geochronologischen Parallelisierung von Schichttypen verschiedener Gebiete und Kontinente miteinander noch erhebliche Unsicherheiten bestehen. Zudem ist bei der paläontologischen Datierung einer Schicht bzw. allgemein einer geochronologischen Erscheinung einer Gegend oft schwierig zu entscheiden, inwieweit der Faunenbestand repräsentativ für einen allgemein-geochronologischen Abschnitt ist, und inwieweit eventuell in einzelnen Arealen mit einer Wandlung des landschaftstypischen und klimatischen Lebensmilieus einzelner Tiere und Tiergesellschaften zu rechnen ist. Hier ist die Vorgeschichtsforschung ganz auf die Ergebnisse der Geologie, Bodenkunde und Paläontologie angewiesen.[150]

In Höhlen finden sich Sedimente oft von mehreren Meter Mächtigkeit, die aufgrund ihres Steinschutt- und Lehmbestands eine unterscheidbare Schichtung aufweisen und entweder in einem einzigen Niveau oder in deren mehreren (jeweils durch sterile Schichten voneinander getrennt oder durchlaufend) menschliche Belegungsspuren enthalten. Dabei können mehrere Schichten durch einen Formenbestand (an Stein- und Knochengeräten) gekennzeichnet sein, der typologisch übereinstimmende Züge zeigt (so daß dafür ein beträchtlich langer Zeitraum in Betracht zu ziehen ist, zumal, wenn sterile Straten dazwischen liegen); zuweilen aber besitzen die Fundzeugnisse einzelner Schichten einen unterschiedlichen typologischen Habitus. Dieser kann die Formen der Geräte und ihre Herstellungsweise (bei Steingeräten: Kernstein-, Abschlag-, Klingentechnik, Retuschierungsart) sowie das prozentuale Verhältnis der auftretenden Typen zueinander betreffen. Bei solchen typologischen Unterschieden zwischen aufeinanderfolgenden Schichten kann eine geringfügige, graduelle Abwandlung eines im Grunde einheitlichen Formenbestandes vorliegen, was im Sinn einer allmählichen Veränderung des Typenschatzes einer Kultur zu verstehen ist; oder wir haben es mit ganz verschiedenartigen Formenensembles zu tun, die entwicklungsmäßig (und chronologisch) nicht unmittelbar aneinander anzuschließen sind (selbst wenn sie nicht durch eine sterile Schicht voneinander getrennt werden).

Aus den stratigraphischen Befunden dieser Art in Höhlen der drei altweltlichen Kontinente ergibt sich zunächst übereinstimmend die artefakttypologische Unterscheidung zwischen einem *Mittelpaläolithikum* (Schaber, sog. Handspitzen und späte Faustkeile) und einem *Jungpaläolithikum* (Schmalklingen, Knochen- und Geweihgeräte). Daß der Unterschied zwischen diesen Zeitaltern sich nicht auf typologische und technologische Besonderheiten des Gerätebestandes beschränkt, sondern daß hier geschichtliche Entwicklungsabschnitte vorliegen, wird unterstrichen einerseits durch die Beschränkung von Menschen des Neanderthal-Typs auf das Mittelpaläolithikum und derjenigen des voll entwikkelten Homo sapiens-Typs auf das Jungpaläolithikum sowie andererseits durch den Umstand, daß Zeugnisse der bildenden Kunst (Malereien, Reliefs, Plastiken, Zeichnungen) ausschließlich aus jungpaläolithischen Schichten zum Vorschein gekommen sind. In einzelnen Gebieten läßt sich innerhalb des Mittelpaläolithikums nochmals eine Untergliederung in mehrere Facies vornehmen, ebenso für das Jungpaläolithikum (z. B. *Aurignacien*, *Gravettien*, *Solutréen*, *Magdalénien*).[151]

In Freilandstationen finden sich die mittel- und jungpaläolithischen Formgesellschaften der Höhlen wieder, sei es jeweils einzeln, sei es in Gestalt stratigraphischer Superpositionen (Frankreich, Mitteleuropa und Ukraine). Von Freilandfundplätzen, wenngleich nur ganz vereinzelt in ungestörter Lage, sind außer den mittel- und jungpaläolithischen Typengesellschaften Gerätekollektionen bekannt, die in den Höhlen fehlen und älter sind als jene. Sie werden als Verkörperung des *Altpaläolithikums* angesehen (Faustkeile roher Form, sogenanntes *Abbévillien*, und feinerer Art, sogenanntes *Acheuléen*, Abschläge roher Form, sogenanntes *Clactonien*, und entwickelterer Form, sogenanntes *Levalloisien*). Stratigraphische Befunde ergaben, daß Abbéville-Faustkeile und Clacton-Abschläge früher beginnen als Acheul-Faustkeile und Levallois-Abschläge und daß diese letztere Formengruppe wiederum von einer solchen zu unterscheiden ist, die durch späte Faustkeile (Micoque-Typ) gekennzeichnet wird und zu dem beginnenden Mittelpaläolithikum überleitet. Das Auftreten von altpaläolithischen Geräten in z. T. mehrere Meter mächtigen Schotterablagerungen weist auf den langen Zeitraum hin, der für diesen ältesten Abschnitt der Altsteinzeit zu veranschlagen ist.

Die Anfänge des Paläolithikums als eines durch datierbare Kulturhinterlassenschaften erhellten Geschichtsabschnittes verlieren sich in den älteren Abschnitten des Pleistozäns, indem entweder sicher als Artefakte anzusprechende Geräte nicht mehr eindeutig geochronologisch zu datieren sind oder bei geochronologisch einzuordnenden Stücken der Artefaktcharakter nicht mehr eindeutig gesichert werden kann. Hier gibt es eine große Zahl von Fundkollektionen, bei denen in der Forschung dies vermutet (bzw. von den Entdeckern behauptet) wurde, bei denen dies jedoch reine Vermutung bleibt.[152]

Jungsteinzeit und Metallzeit

Vorderer Orient: In den Hochkulturen wird das Rückgrat der relativen Chronologie durch die aus jeweils zeitgenössischen Schriftzeugnissen (mit Filiationsangaben und längeren Namensreihen) sowie dadurch überprüfbaren Königslisten gewonnene Abfolge von Königen und Dynastien gebildet. Dies ist in Ägypten für die Zeitspannen, in denen eine königliche Zentralgewalt dem Land eine feste politische Ordnung gab, also das Alte, Mittlere und Neue Reich, in wünschenswerter Weise der Fall. In den dazwischenliegenden, politisch unstabilen Zeitabschnitten (sogenannte Erste und Zweite Zwischenzeit) sind demgegenüber die Verhältnisse weniger geklärt. In Mesopotamien gab es nur wenige Zeitalter, in denen die gesamte Tiefebene zu einem Einheitsreich mit jeweils einem einzigen König zusammengefaßt war; im übrigen wurde innerhalb der einzelnen Stadtstaaten bzw. kleineren Territorien nach den Regierungsjahren der dortigen Könige datiert, so daß zunächst die Herrscher- und Dynastiensequenz jeder Einzelstadt ermittelt und dann diese aufgrund der in den Texten genannten Synchronismen miteinander in Beziehung gesetzt werden müssen. Im Gegensatz zu den Sumerern, Akkadern und Babyloniern benannten die Assyrer die Jahre nach eponymen Beamten (sogenannte Limmu), deren Abfolge sowie deren Parallelisierung mit den Regierungsjahren der Könige hinreichend gesichert werden kann.

Die Königsnamen (auch diejenigen der bronzezeitlichen Levantestädte sowie der Hethiter) erscheinen allenthalben auf Bauten, in Siedlungsschichten und in Grabinventaren, so daß sich jeweils bestimmte archäologische Zeugnisse, Stilstufen der bildenden Kunst und typologische Ausprägungen von Schmuck, Waffen, Geräten, Keramik und der Glyptik mit den einzelnen Königen in Verbindung bringen lassen.[153]

Hinzu kommen die in den archäologischen Befunden selbst begründeten methodischen Anhalte relativ-chronologischer Art. Vor allem sind dies stratigraphische Superpositionen, wie sie sich in den vorderorientalischen Tells darbieten. Freilich bedarf es einer sorgsamen Grabungsweise, bei der nicht schematisch Niveaus, sondern (innerhalb der oft überaus komplizierten Baubefunde mit den zu verschiedenen Zeitpunkten erneuerten und zerstörten öffentlichen Gebäuden und Wohnhäusern) bestimmte Zeithorizonte als zusammengehörige Siedlungsphasen verfolgt werden. Dazu bieten durchgehende Brandschichten die beste Hilfe. Seltener als Tellschichten sind im Vorderen Orient stratigraphische Befunde anderer Art; so haben beispielsweise große Überschwemmungen am Euphrat Schwemmaterial über Siedlungsresten oder Bestattungen abgelagert (z. B. in Ur und Kiš) und damit eine sichere Abfolge von Fundkomplexen ergeben.[154]

Stratigraphische Befunde in Tells führen im Vorderen Orient über die Anfänge der Hochkulturen in die neolithische Zeit zurück, und zwar (wenngleich nicht kontinuierlich und bruchlos an ein und demselben Ort, sondern durch Kombination jeweils mehrerer Schichtsequenzen) bis in die Frühphase der nachpleistozänen Zeit, in der Seßhaftigkeit, agrarische Wirtschaftsweise und die Errichtung fester Siedlungen begannen. Zwar sichert die stratigraphische Abfolge von Besiedlungsschichten – sofern sie sachgerecht untersucht wurden – das zeitliche Nacheinander von architektonischen Befunden und damit verknüpften beweglichen Kulturhinterlassenschaften; Probleme ergeben sich im derzeitigen Forschungsstand indes dadurch, daß nicht in jedem durch eine einheitliche Kulturentwicklung gekennzeichneten Gebiet eine lückenlose Abfolge von Besiedlungsresten und Kulturausprägungen verfolgt werden kann und bei einer Kombination von Erscheinungen aus (kulturell) verschiedenen Gebieten oft schwer zu klären ist, inwieweit Abweichungen chronologisch und inwieweit durch eine regionale Sonderentwicklung bedingt sind.[155]

Die sicherste synchronistische Verknüpfung verschiedener, räumlich getrennter Fundgruppen bzw. Stufenabfolgen (beispielsweise zwischen Mesopotamien und der Levante, Ägypten und Anatolien) erfolgt durch das Auftreten von Erzeugnissen aus dem einen Gebiet in geschlossenen Fundverbänden des anderen. Dabei kann es sich um Import (Händler), um Geschenke (der Fürsten untereinander) oder Beute bzw. Tribute handeln; aber es können auch kriegerische Ereignisse mit Stammesverschiebungen oder Beziehungen zwischen den Handwerkern oder schließlich Gemeinsamkeiten mythologischer bzw. religiöser Art der Grund sein, nahe verwandte Erscheinungen in sonst unterschiedlichen Kulturverbänden entstehen zu lassen. Für die synchronistische Verwertung solcher Kontakterscheinungen ist es freilich bedeutsam zu wissen, durch welche historischen Verhältnisse sie zustande gekommen sind; doch lassen sich in dieser Hinsicht häufig nur mehr oder weniger begründete Vermutungen anstellen, so daß man sich im übrigen mit den archäologischen Verbindungen als solchen begnügen muß.[156]

Je mehr stratigraphisch gut untersuchte Plätze bekannt sind, und je gleichmäßiger diese sich geographisch auf die vorderorientalischen Geschichtsräume verteilen, desto fester und engermaschig wird (bei entsprechender Bearbeitung der einzelnen Denkmälergattungen: Keramik, Schmuck, Geräte, Waffen, Glyptik) das kulturelle Gesamtnetz archäologischer Beziehungen und Traditionen, das die Grundlage einer relativen Chronologie darstellt.[157]

Versucht man, unter Zugrundelegung der vorderorientalischen Stratigraphiebefunde Kulturausprägungen vom Beginn des Neolithikums bis zur Früheisenzeit innerhalb der einzelnen Geschichtsräume und diese zusammennehmend in aufeinanderfolgende Entwicklungsabschnitte und Zeitalter zu gliedern, so ergeben sich Probleme nicht nur durch die Schwierigkeiten der Parallelisierung von Erscheinungen verschiedener Gebiete miteinander, sondern auch dadurch, daß in ein und demselben Geschichtsraum vielfach unklar ist, wo innerhalb einer mehr oder weniger fließenden Entwicklung Zäsuren gesetzt werden sollen.

Freilich fehlt es nicht an deutlichen Einschnitten, und dies sowohl in der Schichtenfolge einzelner Tells (eventuell markiert durch eine Zerstörung, sofern danach der Platz eine Zeitlang unbesiedelt blieb; eine Brandschicht allein kann natürlich auch ein rein lokales und ephemeres Ereignis widerspiegeln, auf das unmittelbar ein Wiederaufbau durch dieselbe Bevölkerung mit derselben Kultur wie zuvor folgte), als auch in ganzen Geschichtsräumen. Aber vielfach beschränken sich einschneidende Veränderungen jeweils auf einzelne kulturelle Erscheinungen (Bauweise, Technologie, Ergologie, Keramik, Kunst), während die anderen eine vergleichsweise fließende Entwicklung bezeichnen. Hier ist es mitunter Ermessenssache, welcher Kulturerscheinung man für die allgemeine Zeitalterumschreibung den Vorzug gibt, abgesehen davon, daß mit einem Bekanntwerden neuer Befunde die Beurteilungsgrundlage verändert werden kann.

Im ganzen erweist sich im Vorderen Orient der Beginn der durch Schriftbesitz (aber nicht allein durch diesen) gekennzeichneten sumerischen und ägyptischen Hochkultur als besonders markante Epochengrenze. Die davor liegenden (neolithischen) Kulturen lassen sich chronologisch gliedern in *frühneolithische* Erscheinungen (Karim Schahir, Natuf-Gruppe), solche *altneolithischer* Art (Djarmo, Çatal Hüyük, Tahune), eine *mittelneolithische* Stufe (Hassuna, Samarra, Halaf, Hacilar) und eine *jungneolithische* Stufe (Obed).

Hinsichtlich der zeitlichen Dauer dieser einzelnen Abschnitte verdient Beachtung, daß in manchen Tells bis zu acht Siedlungsschichten der Obed-Zeit übereinanderliegen sowie jeweils mehrere Schichten der Halaf-Zeit, der Samarra-Zeit, der Hassuna-Zeit und bis zu dreizehn Bauschichten mit altneolithischer (unbemalter) Keramik.

Für die Zeit vom Beginn der *Hochkulturen* an pflegt man in Ägypten die historische Gliederung in *Altes*, *Mittleres* und *Neues Reich* mit eingeschobener *Erster* und *Zweiter Zwischenzeit* und anschließender *Spätzeit* auch allen kulturgeschichtlichen Untersuchungen und chronologischen Zuweisungen archäologischer Erscheinungen zugrundezulegen. In Mesopotamien wird analog unterschieden zwischen *Uruk-*, *Frühdynastischer*, *Akkad-*, *Neusumerischer*, *Altbabylonischer*, *Kassiten-*, *Neubabylonischer* und *Spätbabylonische Zeit*. Dabei spielen die aus Schriftquellen ersichtlichen (politisch-)historischen Zäsuren und Strukturveränderungen eine gewichtige Rolle; doch beruht diese Zeitaltergliederung gleicherweise auf den archäologischen Befunden. So lassen sich beispielsweise die Uruk- und die Frühdynastische Zeit an jeweils besonderen Ziegelformen (einerseits sogenannte Riemchen, andererseits sogenannte plankonvexe Ziegel) erkennen; ebenso deutlich sind die Unterschiede in der Glyptik und der Keramik; innerhalb des Frühdynastischen läßt sich sogar eine Unterteilung am besten anhand der Glyptik und der Keramik vornehmen. In Westsyrien/Palästina erweist es sich am sinnvollsten, aufgrund der Tatsache, daß hier die Zeit des ägyptischen Alten bis Neuen Reiches durch städtische Siedlungen charakterisiert wird, eine Untergliederung in eine *früh-*, *mittel-* und *späturbane Zeit* vorzunehmen. Dabei entspricht die späturbane Stufe etwa dem ägyptischen Neuen Reich und der mesopotamischen Kassiten-Zeit. In Anatolien blühte während dieser Zeit das *Hethiterreich*. Für die vorangehende Zeit sind in Zentralanatolien die stratigraphische Abfolge von Alişar Hüyük (mit 14 kupferzeitlichen Schichten) und im Westen diejenige von Troja (mit insgesamt 34 kupferzeitlichen Schichten) besonders wichtig.[158]

Europa: In Europa stehen Siedlungshügel nach Art der vorderasiatischen Tells nur im Südosten des Kontinents zur Verfügung. In Griechenland, Bulgarien, Rumänien sowie im Donau-Theißgebiet beruht demgemäß die chronologische Gliederung der Jungsteinzeit und der Kupferzeit, z. T. auch der Bronzezeit auf stratigraphischen Befunden in solchen Siedlungshügeln. Für die Jungsteinzeit Griechenlands kommt dabei denen Thessaliens (sogenannte Magulen) eine besondere Bedeutung zu (Gliederung in *Alt-*, *Mittel-* und *Jungneolithikum*, nach dafür jeweils kennzeichnenden Magulen als *Argissa-*, *Sesklo-* und *Dimini-Stufe* bezeichnet), für Bulgarien dem Siedlungshügel von *Karanovo* (die hier unterschiedenen Stufen *I–VII* werden als allgemeine Zeitalterbezeichnungen verwendet), für die Walachei denjenigen von *Leţ*, *Boian* und *Gumelniţa* (nach den letzteren Fundstätten werden allgemein unterdonauländische Kulturabschnitte benannt). Auf Kreta wird für die kupfer- und bronzezeitliche minoische Kultur (s. S. 32) aufgrund der stratigraphischen Befunde vor allem in Knossos eine Untergliederung in ein *früh-*, *mittel-* und *spätminoisches Zeitalter* vorgenommen (unter Hinweis auf die für die minoische Kultur besonders wesentlichen Paläste auch in eine *vorpalatiale Stufe*, eine *Zeit der älteren Paläste*, eine solche der *jüngeren Paläste* und eine *nachpalatiale Zeit*). Auf dem griechischen Festland wird entsprechend (vor allem aufgrund der stratigraphischen Besiedlungsabfolge von Eutresis, Korakou, Lerna und Zygouries) die Kupfer- und Bronzezeit in ein *früh-*, *mittel-* und *späthelladisches Zeitalter* eingeteilt. Das Späthelladische (dafür ist auch die Benennung *Mykenische Kultur* üblich) entspricht als Verkörperung der Bronzezeit chronologisch dem Spätminoischen (in Anatolien dem Hethitischen) und wird abgelöst von der früheisenzeitlichen *Protogeometrischen* und *Geometrischen Stufe* (benannt nach dem für sie typischen Keramikstil). Die letztere reicht bis in die Zeit Homers.[159]

Außerhalb des südosteuropäischen Bereiches der Lehmziegelbauweise und Siedlungshügel stehen stratigraphische Befunde in Ansiedlungen seltener zur Verfügung. Günstige Bedingungen sind in den *Seerandsiedlungen* Südwestdeutschlands und der Schweiz gegeben, wo mitunter mehrere Siedlungsschichten durch Überschwemmungsablagerungen und Seekreideschichten (Beweis für zeitweilig höheren Wasserstand und damit eine größere Ausdehnung des Sees) voneinander getrennt sind (z. B. Riedschachen, Egolzwil, Zürich). Dadurch werden die spätneolithischen und kupferzeitlichen Kulturen dieses Gebietes in ihrer zeitlichen Abfolge gesichert (*Aichbühl-*, *Schussenried/Cortaillod-*, *Horgener*, *Schnurkeramikkultur*). Auch für spätere Zeitabschnitte sind analoge Befunde von Bedeutung (z. B. Buchau, Zürich-Alpenquai).

Stratigraphische Superpositionen von Besiedlungsschichten wurden vereinzelt auch auf *Höhensiedlungen* festgestellt (z. B. Jevišovice und Brünn-Líšeň in Mähren, Schloßberg von Lipari). Auf dem Goldberg im Nördlinger Ries ergab sich, daß mehrere neolithische, kupferzeitliche und hallstattzeitliche Besiedlungsreste zwar nicht stratigraphisch übereinanderlagen, aber aufgrund einer jeweils besonderen Färbung der Fundament- und Grubeneinfüllungen voneinander zu unterscheiden waren. Bei *Siedlungen im Flachland* sind nur ausnahmsweise klar ausgeprägte, durchgehende Schichten nachweisbar; indes können durch sich schneidende Pfostenspuren, Fundamentgräbchen und Grubenfüllungen Anhalte für die chronologische Abfolge von Besiedlungsstufen gewonnen werden. Das betrifft das zeitliche Nacheinander verschiedener Kulturen (z. B. Zwenkau: *Bandkeramik* – *Stichbandkeramik*; Hienheim: *Bandkeramik* – *Chamer Gruppe*; Matignons: *Chasséen* – *Horgener Kultur*), aber auch die Abfolge verschiedener Phasen derselben Kultur, d. h. innerhalb einer kontinuierlichen Besiedlung, z. B. bei den Siedlungen der Bandkeramikkultur von Köln-Lindenthal, Sittard und Bylany, wo auf diese Weise bis zu einem Dutzend Bauphasen unterschieden werden können (die vermutlich den Bauschichten von Tells entsprechen).[160]

Für die Chronologie verwertbare Befunde sind – außer von Siedlungsplätzen – auch aus *Höhlen* bekannt. Zumeist kommen neolithische und metallzeitliche Kulturzeugnisse in Höhlen freilich ohne intakte Schichtsequenz zum Vorschein; doch gibt es vereinzelt ungestörte Straten. Besonders wichtige Befunde enthielten z. B. die Arene Candide in Ligurien mit der Abfolge einer altneolithischen (*Ceramica impressa*), einer mittelneolithischen (*Cultura a bocca quadrata*) und einer spätneolithischen (*Lagozza*) Schicht sowie die Chiusazza-Höhle bei Syrakus mit der Abfolge einer spätneolithischen Schicht, dreier verschiedener Kupferzeitschichten und bronzezeitlicher Schichten. Vergleichbare Befunde gibt es auch anderwärts.[161]

Von großem Gewicht für die relative Chronologie sind schließlich stratigraphische Befunde in *Grabmonumenten*. Dabei kommen zwei Formen in Betracht. Im einen Fall handelt es sich um Grabhügel, in denen mehrmals Einzelbestattungen angelegt wurden und diese durch ihre Lage zueinander Aufschluß über die zeitliche Reihenfolge ihrer Anlage geben (sei es, daß sie unmittelbar übereinanderliegen oder daß sie sich verschiedenen Aufschüttungs- bzw. Erweiterungsstadien des Hügels zuordnen lassen). Das Neben- und Übereinanderliegen von Bestattungen in Grabhügeln kann der Ausdruck einer Generationsfolge innerhalb derselben Familie sein, so daß der zeitliche Abstand der Beigabenausstattung nur geringfügig ist; andererseits besteht oftmals zwischen den Beisetzungen eindeutig keine unmittelbare Tradition, so daß mit einer längeren Zwischenzeit zu rechnen ist. Allgemein kommt Hügelstratigraphien dieser Art eine Bedeutung zu für die Chronologie der Kupferzeitkulturen in Mitteldeutschland (dadurch wird die Abfolge von *Baalberger*, *Salzmünder/Walternienburger*, *Schnurkeramik-*, *Glockenbecher-* und *Aunjetitz-Kultur* belegt), in Dänemark (wo innerhalb der sogenannten Einzelgrabkultur unterschieden wird zwischen einer *Unter-*, einer *Boden-*, einer *Ober-* und einer *Oberstgrabstufe*), in Westdeutschland und Holland (Abfolge von *Schnurkeramik-* und *Glockenbecherkultur*) sowie in der ukrainischen Ockergrabkultur (Abfolge von *Grubengrab-* und *Katakombenkultur*). Ähnliches gilt auch für die Chronologie der norddeutsch-südskandinavischen Bronzezeit- sowie der mitteleuropäischen Bronzezeit- und Früheisenzeitkultur.[162]

Eine zweite Art stratigraphischer Befunde kann in Grabkammern entstehen, die durch eine längere Zeitspanne hindurch belegt wurden. Oft haben die dadurch eingetretenen Störungen freilich die Beigaben in eine solche Unordnung gebracht, daß aus ihren Fundverhältnissen nichts über die Reihenfolge ihres Hereinkommens zu entnehmen ist; indes kommt doch auch vor, daß nach Belegung des Kammerbodens mit Bestattungen diese mit einer Stein- oder Erdschicht bedeckt und auf dieser dann neu bestattet wurde; dies wiederholte sich mitunter mehrmals, so daß eine klare Abfolge von Bestattungsphasen entstand. Da dies in der Regel offenkundig im Zuge eines kontinuierlich geübten Familienbrauches geschah, zeigen die aus diesen Schichten stammenden Beigaben vielfach keine chronologisch auswertbaren Unterschiede; doch lassen sich in einigen Fällen solche feststellen. Hinzu kommen Befunde, bei denen Nachbestattungen aufgrund ihrer Beigaben chronologisch merklich von den vorangehenden unterschieden sind, oder bei denen durch bestimmte Lageverhältnisse (ausgeräumter einstiger Kammerinhalt; letzte Verschlußmauer; nachträgliche Totenopfer) ein sicherer chronologischer Anhalt gegeben ist. Solche Befunde sind überall dort zu erwarten, wo die Kollektivgrabsitte bzw. das nachträgliche Bestatten in zugänglichen Kammern bekannt war, so vor allem in vielen Kupferzeitkulturen (auf Kreta: Abfolge *früh-* und *mittelminoischer Stufen*; in Frankreich: Abfolge von *Chasséen-*, *Horgener* und *Glockenbecherkultur*; in Großbritannien: Abfolge von *Windmill-Hill-*, *Peterborough-* und *Becherkultur*; in Südskandinavien und Norddeutschland: Abfolge von *Trichterbecher-* und *Schnurkeramikkultur*).[163]

Im Gegensatz zur echten (vertikalen) Stratigraphie, bei der der Befund aus sich heraus Klarheit über die zeitliche Aufeinanderfolge von

Erscheinungen gibt, ist diese selbständige Beweiskraft einer anderen Gattung von Befunden nicht eigen, die als *Horizontalstratigraphie* bezeichnet wird. Darunter versteht man Befunde in Siedlungen, Friedhöfen und einzelnen Grabanlagen, wo aus der Verbreitung bestimmter, chronologisch voneinander zu unterscheidender Fundtypen (Keramik, Schmuck, Waffen, Geräte) etwas über eine stufenweise Vergrößerung bzw. Verlagerung des Siedlungs- bzw. des Friedhofsareals oder der Belegung einer einzelnen Grabanlage in Erfahrung gebracht werden kann, was dann als Bestätigung einer allgemeinen chronologischen Stufenfolge zu werten ist. So finden sich beispielsweise innerhalb des urnenfelderzeitlichen Friedhofes von Kelheim (Niederbayern) die älteren Typen – und damit Bestattungen – im Osten, nächstjüngere weiter westlich und die spätesten ganz im Westen; im Protovillanova-Urnenfeld von Pianello (östliches Mittelitalien) lagen die ältesten Bestattungen im Osten, die jüngsten im Westen, während im prädynastischen Gräberfeld von Armant (Oberägypten) die Belegung von Süden nach Norden voranschritt. Als Beispiel eines horizontalstratigraphischen Befundes in einer lange belegten Grabkammer sei die große Kupferzeitanlage von Praia das Maçãs (Portugal) angeführt; dort kamen altkupferzeitliche Schmuck-, Geräte- und Keramiktypen ausschließlich in der äußersten Westpartie zum Vorschein, solche der folgenden Stufe im großen Mittelteil und solche der späten Kupferzeit nur ganz im Osten. Ähnliche Befunde sind auch von vielen Siedlungsplätzen bekannt. Allemal aber muß dabei im vorhinein die relative Altersordnung der kartierten Typen mindestens in gewissem Umfang bekannt sein. Allein aus dem Kartierungsbefund läßt sich dies nicht ableiten.[164]

Gleichfalls nicht so selbständig wie die Vertikalstratigraphie, aber doch für die Begründung einer relativen Chronologie von entscheidender Bedeutung ist die sogenannte *Kombinationsstatistik* (oder Korrelationsanalyse). Darunter verstanden wird die systematische Registrierung (und tabellarische Darstellung) der Vergesellschaftung von bestimmten Typen und Kulturerscheinungen in geschlossenen (gleichzeitig niedergelegten) Funden (Grabinventaren, Depotfunden, Häusern, soweit sie ein chronologisch bestimmbares Ende gefunden haben). Dadurch tritt in Erscheinung, welche Formen von Waffen, Geräten, Schmuck, Keramik, Grabformen usw. jeweils regelhaft miteinander vergesellschaftet, also als Verkörperung einer einheitlichen Zeitstufe zu bewerten sind. Indem zwischen einzelnen auf diese Art erweisbaren Kombinationsgruppen (= Zeitstufen) Übergänge und Kontakterscheinungen bestehen, stehen diese nicht unvermittelt nebeneinander, sondern lassen die Reihenfolge erkennen, in der sie einander ablösen. Vor allem in Verbindung mit vertikalstratigraphischen Befunden sowie in Ergänzung durch solche horizontalstratigraphischer Art ergibt sich somit die

Möglichkeit, die verfügbaren archäologischen Kulturzeugnisse in eine chronologische Stufenordnung zu bringen.[165]

Freilich ist bei der Beurteilung von regelhaften Typenkombinationen zu bedenken, daß nicht jede diesbezügliche Abweichung chronologisch begründet sein muß. Vielmehr können hinter der Verschiedenartigkeit von Kombinationsgruppen auch Verhältnisse ganz anderer Art stehen: bei Grabinventaren z. B. die Unterscheidung von Männer- und Frauenausstattungen oder andere Besonderheiten sozialer Art, bei Depots etwa Unterschiede in den Deponierungsabsichten, bei dem Fundbestand von Häusern in speziellen Funktionen einzelner Gebäude. Zudem sind kombinationsstatistische Untersuchungen für die Chronologie jeweils nur innerhalb eines nachweislich durch eine homogene Kulturentwicklung und -ausprägung gekennzeichneten Gebietes zu verwenden. Bei einem Vergleich von archäologischen Kombinationsgruppen eines größeren Gebietes miteinander muß immer in Betracht gezogen werden, daß auch regionale Gründe für Unterschiedlichkeiten verantwortlich sein können. Es ist demnach eine gründliche und umfassende Prüfung der vorhandenen Befunde unter Berücksichtigung aller Gesichtspunkte notwendig, um eine chronologische Stufenfolge aufgrund einer Analyse kombinationsstatistischer Befunde zu gewinnen.

Hierbei können auch Beobachtungen (oder Überlegungen) *stilistischer* und *entwicklungstypologischer* Art verwertet werden.[166] Diese besitzen in der Regel wiederum keine selbständige chronologische Beweiskraft; denn die Art und Weise, wie sich in einem bestimmten Kulturkreis der künstlerische Stil oder die formale bzw. technische Gestalt von Geräten entwickelt, entspricht ja nicht einem im vorhinein bekannten Gesetz (was der Fall sein müßte, wenn daraus eine methodische Handhabe für die Aufstellung einer relativen Chronologie abzuleiten wäre: sogenannte typologische Methode, s. S. 28 f.), sondern ist ihrerseits ein Forschungsproblem, das nur auf der Grundlage einer gesicherten Chronologie zu lösen ist.

B. Absolute Chronologie

Für die Begründung eines geschichtswissenschaftlichen Gesamtbildes der Vorgeschichte ist zunächst und vor allem eine relativ-chronologische Ordnung der belegten kulturellen und geschichtlichen Erscheinungen notwendig. Darüber hinaus aber ist für die historische Beurteilung von Entwicklungen, Traditionen, Ausprägungen, Wandlungen und Ausbreitungen technisch-wirtschaftlicher und geistig-religiöser Phänomene von Bedeutung, ein begründetes Wissen darüber zu besitzen, wie lange Zeitspannen – in Jahren, Jahrzehnten oder Jahrhunderten ausgedrückt – dafür jeweils in Betracht zu ziehen sind. Gewisse Hinweise in dieser Richtung enthalten mitunter einzelne Befunde selbst, so beispielsweise, wenn in altorientalischen Texten die Regierungsjahre eines oder mehrerer Könige angegeben werden, aber auch, wenn in einem kontinuierlich besiedelten Tell mehrere Hausreste unmittelbar übereinanderliegen und dabei gewisse Schätzungen über die normale Lebensdauer der einzelnen Häuser möglich sind, oder wenn bei Familiengrabstätten aus der Lage von Bestattungen zueinander eine Generationsfolge zu erschließen ist. Andererseits sprechen Beobachtungen über gewichtige landschaftstypologische oder klimatische Unterschiede zwischen verschiedenen Fundschichten (etwa des Paläolithikums) allgemein für eine beträchtliche zeitliche Differenz. Aber es ist klar, daß aus Zeugnissen dieser Art nicht insgesamt ein hinreichend systematisches Gerüst absolut-chronologischer Werte abgeleitet werden kann. Vielmehr bedarf es zusätzlicher Methoden, um das Netz relativer Chronologie mit absoluten Festdaten zu versehen.

Bis zurück zum Beginn der vorderorientalischen Hochkulturen läßt sich durch eine kritische Prüfung der überlieferten Zeitangaben ein einigermaßen sicheres und genaues absolut-chronologisches Gerüst gewinnen. Dabei spielen in Ägypten die speziellen Kalenderverhältnisse mit den verschiedenen Jahresarten eine Rolle, die mit je besonderen astronomischen Erscheinungen zusammenhängen: einerseits ein auf die Sonne bezogenes Verwaltungsjahr von 365 Tagen und andererseits ein Bauernjahr, das auf den (mit dem Frühaufgang der Sothis zusammenfallenden) Beginn der Nilüberschwemmung bezogen und etwa $365^1/_4$ Tage lang war. Da die Relation dieser Jahresarten zueinander bekannt ist, können einige in Texten enthaltene Doppeldatierungen, d. h. Datierungen bestimmter Ereignisse nach beiden Jahresarten, in unserer vorchristlichen Jahreszählung ausgedrückt werden. Auf diese Weise läßt sich der Beginn der ägyptischen Hochkultur (1. Dyn.) auf die Zeit um 3000 v. Chr. bestimmen; das Alte Reich (3. Dyn.) begann um 2700 v. Chr., das Mittlere Reich (12. Dyn.) um 2000 v. Chr., das Neue Reich um 1580 v. Chr. In Mesopotamien kann ebenfalls bis etwa 3000 v. Chr. mit einigermaßen sicheren absoluten Ansätzen gerechnet werden.[167]

Die vielfachen geschichtlichen Kontakte zwischen den primären Hochkulturen und den übrigen westasiatischen sowie den südasiatischen und den europäischen Kulturen, die für einige Bereiche (Palästina, Hethiter) aus textlichen Belegen, im übrigen durch solche archäologischer Art ersichtlich sind, gestatten, die altweltlichen Metallzeitkulturen chronologisch insgesamt mit der vorderorientalischen Stufenfolge vom Beginn der Hochkulturen bis zum Beginn der griechischen Antike zu parallelisieren, d. h. in das dritte und zweite sowie das frühe letzte Jahrtausend v. Chr. zu datieren. Dabei hängt der Sicherheits- und Genauigkeitsgrad absolut-chronologischer Zeitwerte von der Verläßlichkeit und Feinmaschigkeit des relativ-chronologischen Beziehungsnetzes ab. So kommt für die zeitliche Zuweisung der älter- und früheisenzeitlichen Kulturen Europas in die *ersten Jahrhunderte des letzten Jahrtausends v. Chr.* den unmittelbaren und mittelbaren archäologischen Verknüpfungen mit den durch die historische Überlieferung ins 8. und 7. Jahrhundert datierten griechischen Kolonien in Unteritalien und Sizilien eine entscheidende Bedeutung zu, ebenso den vielfachen Verbindungen zwischen der etruskischen Kultur und der orientalischen, letztlich assyrischen des 7. Jahrhunderts. Auch Erzeugnisse des ägyptischen Kunstgewerbes (Fayencegefäße, Skarabäen, Figürchen), z. T. mit Königsbezeichnungen, sind bis nach Italien gelangt. Für das (bronzezeitliche) *zweite Jahrtausend* sind es für die europäischen Kulturen vor allem die Querverbindungen zwischen dem minoisch-mykenischen Bereich und Ägypten (kretisch-mykenische Keramik in ägyptischen Gräbern und Siedlungen sowie ägyptische Kunstgewerbeerzeugnisse in griechischen Bronzezeitgräbern und -siedlungen), durch die die minoisch-mykenischen Zeitstufen eine sichere absolute Datierung erfahren. Insgesamt weniger präzise, aber doch im Prinzip ähnlich wie für das zweite Jahrtausend lassen sich für die europäischen Kulturen des (kupferzeitlichen) *dritten Jahrtausends* die archäologisch aufzeigbaren Kulturbeziehungen sowohl mit dem Alten Reich in Ägypten als auch mit der frühdynastischen, Akkad- und neusumerischen Kultur in Mesopotamien als Grundpfeiler der absoluten Chronologie verwenden.[168]

Für die vor dem 3. Jahrtausend anzusetzende *Jungsteinzeit* stehen von seiten der historischen Überlieferung keine absolut-chronologischen Anhalte mehr zur Verfügung. Nur allgemein lassen sich neolithische Siedlungsschicht-Folgen und Kulturentwicklungs-Abschnitte mit analogen Erscheinungen des 3. und 2. Jahrtausends vergleichen und dadurch Vermutungen über ihre Zeitdauer anstellen.

Statt dessen reichen einige naturwissenschaftliche Methoden absoluter Zeitbestimmung in die Jung- und Altsteinzeit zurück. Für die Bestimmung des Endes der Altsteinzeit (Eiszeit) hat die sogenannte *Warvenmethode* entscheidende Bedeutung. Sie beruht auf einer Zählung von Jahresablagerungen (sogenannten Warven) am Rand des nach dem Höchststand der letzten Vereisung allmählich nach Norden zurückweichenden Inlandeises von den norddeutschen Endmoränen bis zu den skandinavischen Rückzugsgebieten der Gletscher. Dadurch wurde das Datum „um 8000 v. Chr." für das Ende des pleistozänen Magdalénien ermittelt.[169]

Nach dem Zweiten Weltkrieg wurde die sogenannte *C 14-* oder *Radiokarbonmethode* entwickelt. Sie beruht auf der Erkenntnis, daß Pflanzen in Verbindung mit Luftsauerstoff Kohlendioxyd aufnehmen und in diesem radioaktiver Kohlenstoff mit dem Atomgewicht 14 (Radiokarbon) enthalten ist, der mit dem Tod der Pflanze zu zerfallen beginnt, d. h. dessen Strahlungsintensität abklingt. Da die sogenannte Halbwertzeit bekannt ist, d. h. die Spanne, in der die Hälfte einer C 14-Menge zerfallen ist (5568 $\pm$ 30 Jahre), steht das in organogenen Fundstücken nachweisbare Mengenverhältnis zwischen dem noch vorhandenen C 14 (radioaktiver Kohlenstoff) und dem C 12 (gewöhnlicher Kohlenstoff) in einem bestimmbaren Verhältnis zu der seit dem Absterben der betreffenden Pflanze verstrichenen Zeitspanne. Da offenbar die Anfangsrelation zwischen (zerfallendem) C 14 und (nicht zerfallendem) C 12 immer und überall übereinstimmt, läßt sich der C 14-Gehalt (d. h. die noch meßbare Strahlungsintensität) von in prähistorischem Fundzusammenhang geborgener Holzkohle, anderen pflanzlichen Gegenständen und Knochen von Tieren und Menschen (da diese zu Lebzeiten pflanzliche Nahrung aufgenommen haben) für die absolute Zeitbestimmung des betreffenden organogenen Stückes verwenden. Die Reichweite dieser Methode umfaßt die Zeitspanne bis etwa 50000 Jahre und erreicht damit, über die vorgeschichtlichen Metallzeiten und die Jungsteinzeit hinaus, einen Großteil der Altsteinzeit (Jungpaläolithikum und Mittelpaläolithikum). Die Methode wird von seiten der dafür zuständigen naturwissenschaftlichen Disziplinen laufend verbessert; Fehlerquellen bei der Probenentnahme und dem Meßverfahren werden erkannt und auszuschalten versucht. So unschätzbar in allgemeiner Hinsicht die durch die C 14-Methode bisher gewonnenen Ergebnisse sind – vor allem für die älteren Vorgeschichtsabschnitte –, so unverkennbar ist anderseits die Problematik, die bei der Verwertung vieler C 14-Messungen dadurch entstehen, daß die Ergebnisse – verglichen mit der archäologischen Wirklichkeit – verschwommen oder widersprüchlich und somit unglaubwürdig oder überhaupt unannehmbar sind.[170]

V. Chorologie

Neben der zeitlichen Festlegung der vorgeschichtlichen Zeugnisse gehört ihre räumliche Ordnung zu den notwendigen Voraussetzungen einer geschichtswissenschaftlichen Beurteilung. Dabei richtet die Forschung ihr Augenmerk sowohl auf die Verbreitung von Einzelerscheinungen als auch auf diejenige von mehr oder weniger geschlossenen (Vergesellschaftungs-) Gruppen von Erscheinungen. Nach Möglichkeit muß die Verbreitung von Kulturzeugnissen unter Zugrundelegung ihrer chronologischen Ordnung verfolgt werden, wie freilich umgekehrt bei der Klärung der Chronologie die Verbreitungsverhältnisse eine Rolle spielen (s. S. 70). Bei der Chorologie ist zudem die typologische Definition der einzelnen Erscheinungen von entscheidender Wichtigkeit: wenn die Verbreitung einer Waffen-, Schmuck-, Gerät- oder Keramikform, eines Haustypus, einer Siedlungsweise, einer Grabform oder einer Bestattungssitte festgestellt werden soll, kommt es im einzelnen sehr darauf an, ob dabei eine spezielle Ausprägung oder mehr eine weiter gefaßte Gattung gemeint ist. Hängt davon einerseits das (durch Kartieren gewonnene) Verbreitungsbild (im Hinblick sowohl auf die konkrete Einzelerscheinung als auch auf die in Vergesellschaftungen sich abzeichnenden Gruppierungen) ab, so andererseits auch die kulturgeschichtliche Interpretation der so ermittelten Verbreitungsbefunde.
Näherhin lassen sich hierbei unterscheiden:

1. *Produktionskreise* und *-bereiche*. Gewisse Kartierungen zielen auf die Herausstellung von Erzeugnissen gemeinsamer Werkstatt(-kreis)-Provenienz oder doch von Fundstücken ab, die in ihrer Herstellung besondere Gemeinsamkeiten zeigen. Bei einigen mitunter mehr als 100 km voneinander entfernten Bronzefunden kann die Herkunft aus ein und derselben Gußform erwiesen werden; oder bestimmte Details sind so spezieller Art, daß die Anfertigung der betreffenden Stücke in einem eng zusammenhängenden Handwerkerkreis als sicher anzusehen ist, sei es, daß hier mit ortsansässigen Metallgießern zu rechnen ist, die im Auftrag politisch Mächtiger, auf Vorrat, d. h. für einen (ortsfesten) Markt oder auf Bestellung arbeiteten, sei es, daß die Gießer als Wanderhandwerker in einem bestimmten Bereich umherzogen (wie Goldschmiede an frühmittelalterlichen Fürstensitzen oder neuzeitliche Kesselflicker). In anderen Fällen sind die typologischen und technologischen Gemeinsamkeiten von Fundstücken (Schmuck, Waffen, Geräten aus Kupfer,

Bronze, Eisen und Edelmetall, Drehscheibenkeramik u. a. m.) nicht so eng, als daß ihr Hervorgehen aus einem regional eng begrenzten Produktionskreis vorausgesetzt werden dürfte; hier ist dann in einem etwas weiteren Sinn ein handwerklicher Kontakt der Hersteller in Betracht zu ziehen.[171]

Neben den von regelrechten Handwerkern hergestellten Werkstatterzeugnissen gilt Ähnliches für das in häuslicher Eigenproduktion für den Einzelbedarf Erzeugte, also vor allem die handgefertigte Keramik, aber auch Gegenstände aus Holz, Geweih, Knochen, Bernstein, Gesteinen und Gewebe. Mögen hier die Übergänge zwischen handwerklicher Serienproduktion und häuslicher Eigenbedarfsfertigung fließend sein, so ist doch offenkundig, daß in der Verbreitung typologisch übereinstimmender oder eng verwandter Erscheinungen entsprechende Kontakte der Verfertiger zum Ausdruck kommen. Als Beispiele typologisch homogener Ausprägungen (Facies) mit deutlich begrenztem Verbreitungsgebiet seien genannt: die Keramik der kupferzeitlichen Schussenrieder Facies in Oberschwaben, der Bodrogkeresztur-Gruppe in Ostungarn und der Schönfelder Facies in der Altmark, die bronzezeitliche Hügelgräberkeramik der Schwäbischen Alb und diejenige Südhessens, die Nordtiroler Urnenfelderkeramik und diejenige der Wetterau, der Este-Früheisenzeitgruppe und derjenigen Roms sowie der Albanerberge. Eine Verwandtschaft allgemeiner Art in einem weiteren Bereich tritt beispielsweise in Erscheinung bei der mitteleuropäischen Bandkeramik, der Keramik der Michelsberger, Baalberger oder Chasséen-Gattung, der Schnurkeramik und der Glockenbecher-, der Lausitzer, der süddeutschen Urnenfelder- und der ober- und mittelitalienischen Villanova-Gattung.[172]

Hier zu beachten sind auch die Befunde, bei denen sich über das räumliche Verhältnis zwischen dem Fundort eines prähistorischen Gegenstandes und der natürlichen Herkunft des bei ihm verarbeiteten Rohstoffes Näheres in Erfahrung bringen läßt. In dieser Hinsicht bieten bereits die Steingeräte und die als Schmuckstücke getragenen Konchylien paläolithischer Lagerplätze aufschlußreiche Hinweise auf die Reichweite kultureller Kontakte bzw. die Bereiche, innerhalb derer mit einem nomadisierenden Umherziehen von Jägergruppen zu rechnen ist.[173]

Aus späteren Zeiten lassen sich bei gewissen Gesteinsarten, die wegen ihrer Qualität (Obsidian, Silex, Nephrit) oder ihrer farblichen Schönheit (Lapislazuli, Callais, Bernstein) weit begehrt waren, sowie bei den verarbeiteten Metallen weitreichende Kontakte erkennen. Durch typologisch subtile Bestimmungen ist zudem bei einzelnen Tongefäßen, figürlichen Werken, Schmuckgegenständen und Waffen eine Herstellung in einem anderen Gebiet nachweisbar als dem, in dem die betreffenden Funde zum Vorschein gekommen sind. Im einzelnen ist dabei zu prüfen, inwieweit solche Befunde auf Gütertausch oder Handel, Geschenk, Tribut oder Beute und inwieweit auf Bevölkerungsbewegungen beruhen (einzelne Fremdlinge oder Wanderung größerer Gruppen).[174]

2. *Trachtkreise* und *-bereiche*. Es ist klar, daß bei den chorologischen Befunden von Fundtypen der Blick nicht nur auf deren Herstellung, sondern auch auf deren Funktion zu richten ist, bei den Schmuck- und Zierstücken also auf ihre Zugehörigkeit zur trachtmäßigen Ausstattung. Da diese – wie die weitergehend bekannten Verhältnisse jüngerer Zeiten zeigen – für die volkstumskundliche Gruppierung einer Bevölkerung aufschlußreich ist, kommt der Verbreitung spezieller Schmuckformen und vor allem regelhafter Kombinationen von Schmuckformen eine besondere Bedeutung zu. In dieser Hinsicht verdienen beispielsweise die bemerkenswert weite, von Portugal bis Polen reichende Streuung von konischen Beinknöpfen mit V-Loch der spätkupferzeitlichen Glockenbecherstufe, die in weiten Teilen Europas erscheinenden Scheibenkopfnadeln, Schleifennadeln und Anhängerformen der Frühbronzezeit, das weite Vorkommen von Violinbogenfibeln von Cypern bis zum Alpengebiet, von Blattbügelfibeln noch darüber hinaus, ähnlich auch von Bogen- und Brillenfibeln ebenso Beachtung wie andererseits die nachweisbare Beschränkung von Schmucktypen und Trachtzubehör auf eng begrenzte landschaftliche Kreise, so die Nadel- und Halskragenformen, Armringe und Anhänger der osthessischen Mittelbronzezeit sowie diejenigen der gleichzeitigen Lüneburger Gruppe, die jungbronzezeitlichen (urnenfelderzeitlichen) Armring- und Fibelformen Dänemarks, Mecklenburgs, der Lüneburger Gegend, Südhessens und der Münchener Gegend oder späthallstättische Gürtelbleche, Fibel- und Armringtypen aus dem Elsaß, aus Württemberg oder aus Oberbayern.[175]

Weitgehend hängt es hier von den Erhaltungsbedingungen und dem Erforschungsstand ab, ob der vorhandene Fundstoff ausreicht, um die Schmuck- und Trachteigenheiten kleiner landschaftlicher Kreise zu erkennen, wobei mitunter ein regionales Schmuckhandwerk dafür spezielle Formen anfertigte, in anderen Fällen nur die Kombination bzw. die Auswahl von Zierformen sich als charakteristisch für einen bestimmten landschaftlichen Kreis erweist, die einzelnen Bestandteile indes in einem weiteren Bereich vorkommen, der seinerseits sich eventuell als größere Einheit gegenüber benachbarten Bereichen mit anders gearteten Tracht- und Schmuckeigenheiten herausstellen läßt.

3. *Bewaffnungskreise* und *-bereiche*. Ebenso wie bei den Schmuckformen kommen auch bei den Waffen in der Verbreitung bestimmter Typen und deren Kombination über die bloßen Produktionsverhältnisse hin-

aus hinsichtlich der Waffenausrüstung und der Kampfesweise Gruppierungen zum Ausdruck, die nächst der Schmuck- und Trachtausstattung für die kulturgeschichtliche Charakterisierung einer vorgeschichtlichen Bevölkerung bezeichnend sind. Dies um so mehr, als die Waffen vielfach nicht nur unmittelbar in dieser ihrer Funktion eine Rolle spielten, sondern darüber hinaus ihnen die Bedeutung von Standeskennzeichen bis hin zu reinen Repräsentations- und Statussymbolen zukommen konnte. Chorologisch sind hier wiederum mehr oder weniger geschlossene Kreise zu unterscheiden von weiten, weniger markant begrenzten Bereichen, wobei in der Regel innerhalb beider engere Produktionskreise bzw. -bereiche erkennbar sind. Beispiele von Bewaffnungs*kreisen* sind etwa der mittel- und unteritalienische Früheisenzeitkreis mit bronzenen Kurzschwertern (mit Metallscheide), Lanzen (erst mit Bronze- dann Eisenspitze) und (erst bronzenem, dann eisernem) Streitbeil, weiterhin der mitteleuropäische Althallstattkreis mit langem ausgesprochenem Hiebschwert, der Junghallstattkreis mit Langdolch und Lanzen, die Einzelkämpferausrüstung des mykenischen Kreises mit langem Bronzerapier, kurzem Hiebschwert und Stoßlanze, diejenige der mitteleuropäischen Urnenfelderkultur mit Hieb- und Stichschwert, Pfeil und Bogen sowie diejenige der hügelgräberzeitlichen Kultur Mitteleuropas mit Stichschwert, Streitbeil und Dolch.[176]

Als Beispiele für Bewaffnungs*bereiche* seien genannt die weithin in Europa während der Altbronzezeit übliche Ausstattung mit einem Dolchstab und einem normalen Dolch oder während der Kupferzeit diejenige mit einer Streitaxt sowie schließlich die am Beginn der ausgesprochenen Waffenformen stehenden dolch- oder lanzenartigen Stichwaffen mit Steineinsätzen in Gestalt geometrischer Mikrolithen, die in nachpaläolithischer Zeit in überraschend gleichförmiger Weise von der westeuropäischen Atlantikküste bis Südafrika und Südasien verbreitet sind.[177]

Auch das Auftreten kostbarer, bronzegetriebener Schutzwaffen (Helme, Panzer, Rundschilde und Beinschienen in der Jungbronze- und Früheisenzeit von Mitteleuropa bis Italien und Griechenland) läßt einerseits mehrere regional enger begrenzte Kreise (sowohl der Herstellung als auch des Besitzes), andererseits aber insgesamt Gemeinsamkeiten (sowohl in handwerklicher Hinsicht als auch bezüglich der Ausstattung als solcher) innerhalb dieses weiten Gesamtbereiches erkennen.[178] Freilich muß hier allemal bedacht werden, daß in der Verbreitung dieser Bewaffnungsarten nicht nur deren einstiges Vorkommen greifbar wird, sondern in starkem Maß auch bestimmte Erhaltungsbedingungen, etwa Grab- und Beigabensitten, die die betreffenden Waffenausstattungen in den betreffenden Gebieten auf uns haben kommen lassen.

4. *Stilkreise* und *-bereiche*. Vielfach vermitteln die Fundzeugnisse Einblicke in die künstlerische Stilausprägung des handwerklichen und häuslichen Schaffens einer Bevölkerung. Das gilt gleicherweise für die Keramik wie für die Bemalung von Hauswänden, die figürlichen Darstellungen sowie die Gestaltung und Verzierung von Schmuck und Geräten. Diese stilistische Kennzeichnung ist für bestimmte Kulturerscheinungen sehr wesentlich; ihre Verbreitung verdient daher allemal Beachtung. Der sumerische und der ägyptische Kunststil – so vielgestaltig und entwicklungsreich sie sich im einzelnen auch erweisen – haben aufs Ganze gesehen etwas unverwechselbar Eigentümliches an sich, wie auch beispielsweise der Stil der kupferzeitlichen Induskultur, derjenige der Hethiter, der Minoer und Etrusker, aber auch die Bandkeramik-, die rumänisch-ukrainische Cucuteni-Tripolje-Kultur, die nordische Bronzezeitkultur, die Lausitzer und die süddeutsche Urnenfelderkultur, die griechisch-geometrische Kultur des 9. und 8. Jahrhunderts, die früheisenzeitliche Villanova-Kultur und die Hallstattkultur. Innerhalb dieser Stil*bereiche* sind vielfach wieder kleinräumigere Stil*kreise* herauszustellen, in denen die figürlichen Darstellungen und der Ornamentvorrat eine eigengeartete Ausgestaltung erfahren haben (z. B. der neolithische Hacilar-Stil Anatoliens, der bulgarisch-rumänische Gumelniţa-Stil, der serbische Vinča-Stil, der siebenbürgische Ariuşd-Stil, der bosnische Butmir-Stil, der mittelbronzezeitliche Vatina-Stil im Banat und der attisch-geometrische Stil.[179]

5. *Technikkreise* und *-bereiche*. Ebenso wie das künstlerische Gestalten weisen auch die bekannten Techniken in deutlich umgrenzbaren Kreisen und allgemeineren Bereichen je besondere Züge auf. Dieser Gesichtspunkt spielt bereits bei der Beurteilung altsteinzeitlicher Geräte eine Rolle. Das Vorhandensein und die spezielle Entwicklungsart der einzelnen Steinbearbeitungstechniken ist nicht nur in chronologischer Hinsicht bezeichnend, sondern läßt sich vielfach innerhalb der einzelnen Zeitalter auch für die regionale Gliederung des Fundbestandes verwenden bzw. wirft Licht auf regionale Gruppenbildungen der Kultur. Entsprechendes gilt für die Jungsteinzeit und die Metallzeitalter. Hier verdient Beachtung beispielsweise die Verbreitung der einzelnen Techniken der Keramikherstellung (z. B. Firnisbemalung, schnell rotierende Drehscheibe, Fayenceüberzug), weiterhin der Techniken der Metallgewinnung und -verarbeitung, der diversen Metall- und Legierungsarten, der Glasanfertigung, der Steinmetztechnik, derjenigen der Ziegelmauerung, der Zimmermannstechnik, ferner der sich auf die Jagd, die Viehhaltung und die Landwirtschaft beziehenden Techniken bis hin zur künstlichen Bewässerung und zu bestimmten Anbau- und Erntetechniken. Auch hier kommt es nicht nur darauf an, das erstmalige Auf-

treten dieser technischen Errungenschaften zu ermitteln, sondern zu verfolgen, wo diese technischen Erscheinungen in den einzelnen Zeitstufen nachzuweisen sind.[180]

6. *Siedlungskreise* und *-bereiche*. Hierunter werden einerseits die durch Kartierung von Besiedlungszeugnissen einer bestimmten Zeit unter Berücksichtigung der naturlandschaftlichen Verhältnisse belegten Siedlungsgebiete verstanden, andererseits aber vor allem die durch nachweisbare Besonderheiten der Hausformen, der Dorfanlage, eventueller Befestigungswerke oder der Siedlungstypen in Erscheinung tretenden deutlich umschriebenen Kreise oder weiterräumig-allgemeinen Bereiche. In dieser Weise stellt sich uns die Bandkeramikkultur mit ihren rechteckigen Großbauten als markante Einheit dar, ebenso die südwestdeutsch-schweizerische spätneolithisch-altkupferzeitliche Kultur mit ihren Dörfern aus kleineren Einzelhäusern, die polnische Brześć-Kujawski-Kultur mit ihren Weilern aus großen Trapezhäusern und die ukrainische Tripolje-Kultur mit ihren weitläufigen Dörfern, z. T. mit konzentrisch angeordneten Häusern, sodann beispielsweise der Kreis mykenischer Burgen mit großem Megaron als Mittelpunkt und der kretische Kreis minoischer Palastanlagen. Für weitere Bereiche kennzeichnend sind beispielsweise die agglutinierende Siedlungsweise des Vorderen Orients oder die Befestigungsmauern mit Halbkreisbastionen, die während der Kupferzeit vom Vorderen Orient bis Portugal bekannt waren.[181]

7. *Sepulkralkreise* und *-bereiche*. Die einzelnen Formen der Grabanlage und der Bestattungsweise zeigen in vielen Zeitaltern eine regionale Vielgestaltigkeit, die sich als wesentlicher Anhalt für die Gruppengliederung der Kultur erweist. Machen sich bereits bei den jungpaläolithischen Beisetzungen in der Schmuckausstattung gewisse regionale Besonderheiten bemerkbar, so tritt dies noch stärker in der Jungsteinzeit und besonders von der Kupferzeit an in Erscheinung, und zwar gleicherweise im Hinblick auf deutlich hervorgehobene Kreise wie auf allgemeine Eigenheiten in weiteren Bereichen. Dabei kann sich das regional Besondere sowohl auf das gesamte Bestattungswesen beziehen (wie beispielsweise bei der eng verbreiteten Facies der Schönfelder Brandgräber in der Altmark) als auch auf nur einige gruppenspezifische Züge der Grabbauten (besonders augenfällig bei den kupferzeitlichen Megalithgräbern, bei denen trotz allgemeiner Verwandtschaft allenthalben regionale Sondertypen von z. T. eng begrenztem Vorkommen bekannt sind), der Bestattungsweise (z. B. Totenhaltung und -ausrichtung, beispielsweise der einzelnen frühbronzezeitlichen Gruppen Mitteleuropas) und der Beigabenausstattung. Diese letztere enthält über ihre Bedeutung

für die Beurteilung der je besonderen sepulkralen Verhältnisse hinaus weithin die Voraussetzungen für die Erhaltung von Fundgattungen, so daß der uns verfügbare Quellenbestand vielfach von den Bestattungssitten abhängig ist.[182]

8. *Symbol-* bzw. *Kultkreise* und *-bereiche*. Die unmittelbar auf religiöse Vorstellungen und kultische Handlungen sich beziehenden Gegenstände und Anlagen zeigen vielfach eine Verbreitung und regionale Gruppierung, die auf religionskundlich motivierte Kreise und Bereiche schließen lassen. Mehr noch als bei anderen Kulturerscheinungen sind hier unsere Erkenntnis- und Unterscheidungsmöglichkeiten durch den uneinheitlichen Erhaltungs- und Erforschungsstand erschwert; hinzu kommt der Umstand, daß sich die Betrachtung hier eigentlich nicht mit den formalen Erscheinungen als solchen begnügen kann, sondern deren Bedeutung nach Möglichkeit mit zu erfassen suchen muß. So aufschlußreich daher die Verbreitung bestimmter Symbole (Kreis, Sonne, Halbmond, Gehörn, Vogel, Rind, Wasser, Mensch, Kegel usw.) und deren Kombination für die Erkennung von regionalen Gruppen ist, so wenig darf übersehen werden, daß hinter gleichen Symbolen abgewandelte oder überhaupt unterschiedliche Vorstellungen stehen können und andererseits, daß ein und dieselbe Vorstellung in verschiedenen Gebieten in andersartigen Symbolen ihren Ausdruck finden kann (die spätere Kulturgeschichte bietet hierfür genügend Beispiele).[183]

Ähnlich wie mit den Symbolen und deren entwickelter Ausformung, den Mythenbildern, verhält es sich mit den Kultanlagen. Hier ist offenkundig, daß die ägyptischen Tempel, diejenigen Mesopotamiens, Palästinas und der Hethiter, diejenigen der maltesischen Kupferzeitkultur, die minoischen Bergheiligtümer und die Henge-Rotunden Britanniens zu den charakteristischsten Eigenheiten der betreffenden Kulturen gehören; das gleiche gilt für die Heiligtümer der griechischen Früheisenzeitkultur (aus denen sich diejenigen des klassischen Griechentums entwickelten), die Mooropfer der nordischen Trichterbecherkultur und die großen Brandopferplätze der zentraleuropäischen Mittelbronzezeit, vermutlich auch für so manche regionale Depotfundgruppe.[184]

9. *Katastrophenkreise*. Gewisse Befunde in Siedlungen oder andere Fundzeugnisse bestimmter Zeitstufen in näher zu umschreibenden Gebieten können auf einschneidende Geschehnisse hindeuten, seien es Naturkatastrophen wie Überschwemmungen (z. B. Ufersiedlungen Südwestdeutschlands und der Schweiz), Austrocknungen (z. B. viele Gebiete Nordafrikas) und Epidemien (diese Annahme liegt mitunter beim plötzlichen Abbruch der Besiedlung einer Gegend nahe), seien es Ereignisse historischer Art, wie sie etwa in der gleichzeitigen Zerstörung von spät-

mykenischen Siedlungen, eventuell auch in der Vergrabung von Schatzfunden dieser Zeit zum Ausdruck kommen. Freilich bedarf es hier präziser Datierungsanhalte für die Bestimmung von Siedlungszerstörungen sowie einer weitgehenden Sicherheit bei der Depotinterpretation, um bei der Beurteilung von Verbreitungsbefunden zu Erkenntnissen in dieser Richtung zu gelangen.[185]

10. *Geschichtsräume.* Die vorstehend angeführten Gesichtspunkte, unter denen der vorgeschichtliche Quellenbestand verbreitungsmäßig gegliedert werden kann, lassen sich insgesamt bündeln zu dem Versuch, aus diesen chorologischen Analysen der Kulturzeugnisse regional besondere Ausprägungen der Kultur und der Geschichtlichkeit zu erschließen. Diese Geschichtsräume, d. h. die in bestimmten Gebieten während jeweils einer bestimmten Zeitstufe nachzuweisende Kultur, sind nicht mit dem identisch, was als ethnische Einheiten bezeichnet werden könnte. Wenn wir von den in dieser Hinsicht weitergehend zu beurteilenden vorderorientalischen Gebieten ausgehen, so ist beispielsweise Mesopotamien als ein solcher Geschichtsraum zu betrachten, obgleich hier nachweislich mehrere ethnische Elemente (Sumerer, Semiten u. a.) nebeneinander existierten; ähnlich ist es in Anatolien und in Palästina, Westsyrien und im früheisenzeitlichen Mittelitalien, wo gleichfalls die aufgrund der Kulturhinterlassenschaften als Geschichtsräume in Erscheinung tretenden Gebiete nicht mit bestimmten ethnischen Einheiten gleichgesetzt werden können. Innerhalb von Geschichtsräumen können sich sehr wohl ethnische Einheiten bilden, ebenso wie politische Herrschaftsterritorien; doch dürfte dies nur bei Vorliegen literarischer Zeugnisse, also nur in Hochkulturen, näherhin in Erfahrung gebracht werden können. Wo wir auf archäologische Quellen angewiesen sind, vermögen wir nicht diese, sondern eben nur allgemein Geschichtsräume zu erkennen.[186]

VI. Vorgeschichte als historischer Erkenntnisgegenstand

Wenn der Vorgeschichte einerseits die alte Menschheitsfrage nach den Anfängen und der Frühzeit des Menschengeschlechtes zugrundeliegt (s. S. 17 ff.), ihr andererseits aber der Anspruch eignet, eine Wissenschaft zu sein, d. h. Erkenntnisse aufgrund authentischer Quellen und deren methodisch-überprüfbarer Interpretation zu gewinnen, so muß nach Darlegung dessen, was an Quellen verfügbar (s. S. 39 ff.) und über ihre funktionale, chronologische und chorologische Primärordnung zu sagen ist (s. S. 60 ff.), gefragt werden, welcher Art die über die Vorgeschichte zu gewinnenden geschichtswissenschaftlichen Erkenntnisse insgesamt sind.

Zunächst ist dabei der Unterschied zwischen den alten Hochkulturen auf der einen und den nichtliterarischen Kulturen auf der anderen Seite hervorzuheben. Die ersteren gewähren uns einen umfassenden Einblick in ihr geschichtliches Leben, ihre Gesellschaft und Wirtschaft, ihre Politik und ihr Recht, ihr Weltbild und ihre Dichtung, ihre Geistigkeit und Religion, kurz: in die konkreten Ausprägungen ihrer Geschichtlichkeit. Diese sind aber nicht nur isoliert und im Hinblick auf die zeitlich folgende antike Kultur und Geschichte zu sehen, sondern nach Möglichkeit auch im Rahmen der jeweils gleichzeitigen Geschichtszeugnisse nichtliterarischer Kulturen sowie letztlich als integrierende Bestandteile einer universalgeschichtlichen Kulturentwicklung.

Freilich wird dies dadurch erschwert, daß von den nichtliterarischen Kulturen aufgrund des rein archäologischen Quellenbestandes uns viele Einsichten in wesentliche Seiten ihrer konkreten Geschichte verschlossen sind; andererseits läßt sich aufgrund der derzeitigen Denkmälerkenntnis und der vorhandenen (archäologischen) Quellenübereinstimmungen zwischen Hochkulturen und nicht- bzw. vorliterarischen Kulturen feststellen, daß wesentliche Züge der hochkulturellen Geschichtlichkeit nicht nur wegen der hier vorhandenen Schriftzeugnisse uns zugänglich sind, sondern tatsächlich erst mit diesem Kulturstadium entstanden sind und vorher nicht vorausgesetzt werden dürfen. Dies gilt offenbar für die Herrschaftsform des Königtums, für den Staat im Vollsinn des Wortes, für die Mythologie, für anthropomorphe Götterbilder, für einen expliziten Jenseitsglauben u. a. m. Insofern dürften im Prinzip gewisse quellenmäßige und methodische Voraussetzungen für eine übergreifend-synoptische Betrachtung der universal-vorantiken Menschheitsgeschichte gegeben sein.

Die Hinterlassenschaften vor- und nichtliterarischer Kulturen verschaffen uns Kenntnisse über die Siedlungs- und Wohnweise, die Haus- und Hofformen, die Wirtschaft und das Gewerbe, den Gütertausch, die Rohstoffgewinnung, die Techniken, die Güterverteilung und -anhäufung, über gewisse Seiten der gesellschaftlichen Verhältnisse von der Familie bis zu beruflichen Spezialisierungen und zu Herrschaftsbildungen, den ergologischen Formenbestand, die Schmuck- und Waffenformen und das künstlerische Schaffen, über die Art der Totenbehandlung und kultische Handlungen, Symbole und religiöse Vorstellungen. Diese Kenntnisse sind gewiß ungleich in ihrer Sicherheit, ihrem Umfang und ihrer Tiefe, was teils am gegenwärtigen Forschungsstand liegt, teils von der Natur der vorhandenen (und zu erwartenden) Quellen abhängt. Dies ist vor allem in den älteren Zeitabschnitten der Vorgeschichte der Fall. Trotz dieser Einschränkungen sind die uns möglichen Einblicke in die je besondere Ausprägung frühmenschlicher Geschichtlichkeit unschätzbar bedeutsam, nicht zuletzt wegen ihrer in der Regel durch die Anschauung bekräftigenden Unmittelbarkeit. Dadurch wird uns die vorgeschichtliche Menschheit innerhalb eines Zeitraumes von ungezählten Jahrtausenden und in der Weite der insgesamt bewohnten Erdgebiete in konkret Einzelnen mit ihrer Arbeit, ihrem Besitz und ihrem kulturellen Milieu greifbar; und wir werden gewahr, daß diese konkret Einzelnen nicht nur Vertreter der einheitlichen Gattung ‚Mensch' sind, ihnen vielmehr allenthalben der Charakter des Besonderen eigentümlich ist: die Vielgestaltigkeit der Kulturausprägung, eine in späteren Zeitabschnitten für die geschichtliche Lebensform des Menschen typische Erscheinung, kennzeichnet ganz ebenso die vorgeschichtliche Menschheit.

Gewiß kann von dem, was späterhin wesentlich unter historischem ‚Geschehen' verstanden wird, in den vorgeschichtlichen Kulturen kaum mehr etwas in Erfahrung gebracht werden; aber das Entscheidende des die ‚Geschichte' Ausmachenden ist doch die *Konkretheit*, in der die Geschichtlichkeit als menschliches Lebensprinzip für uns erkennbar zum Ausdruck kommt. Ist dies für spätere Zeiten vornehmlich in ‚Geschehnissen' der Fall, so zeichnet diese Konkretheit ebenso auch jene anderen Geschichtszeugnisse aus, indem auch sie heuristisch einem rein *Theoretischen* (d. h. einer spekulativen Konzeption der menschlichen Urzeit) gegenüberstehen. Für die heute um ein lebendiges Geschichtsbild Bemühten sind die metallzeitlichen und neolithischen Jahrtausende sowie die paläolithischen Jahrzehntausende – so könnte man sagen – einem Sternenhimmel vergleichbar, bei dem die Weite des Zeitenraumes durch die vorliegenden Zeugnisse in schier unendlicher Mannigfaltigkeit real erleuchtet wird. Dabei sind freilich für uns die konkreten Einzelerscheinungen vorgeschichtlicher Kultur nicht wesenhaft fremd und unverständlich wie die Sterne, sondern unserem Erkennen in der spezifischen Weise zugänglich, in der wir Geschichtlichem begegnen können: in der Art „forschenden Verstehens", wie J. G. Droysen es nannte.

So bedeutsam diese konkreten Einzelerscheinungen frühmenschlicher Geschichtlichkeit für uns sind, so offenkundig ist, daß wir uns nicht mit einem Registrieren und raumzeitlichen Ordnen derselben begnügen können. Aus der raumzeitlichen Ordnung der einzelnen jeweils typischen Geschichtsausprägungen sind Beziehungen und Traditionen mannigfacher Art zu erschließen und daraus Aufschluß über die Entstehung, Ausbreitung und Abwandlung von technischen und wirtschaftlichen Errungenschaften, künstlerischen und gesellschaftlichen Formen, geistigen Erkenntnissen und religiösen Ausdrucksarten zu gewinnen: das zunächst kaleidoskopartige Nebeneinander mannigfacher Kulturerscheinungen wird somit in seinem historischen Gewordensein transparent; sichtbar wird in Grundzügen eine Entwicklung, die als breiter Strom von den frühesten, einfachen und unkompliziert-naturverbundenen Ausprägungen menschlicher Geschichtlichkeit zu differenzierteren Formen und damit insgesamt zu größerer Mannigfaltigkeit führt. Diese kommt nicht nur dadurch zustande, daß immer neue Entwicklungsstufen ausgebildet werden, sondern vor allem dadurch, daß bei Herausbildung eines neuen Entwicklungsabschnittes dessen Gültigkeit zunächst auf einen engeren Geschichtsraum beschränkt blieb und erst sukzessiv eine umfassendere Wirkungsweite gewann, daneben aber ältere Ausprägungen herrschend blieben, sei es in gewissen Reservaten rein, sei es als Element vermischt oder überlagert von anderen Formen. ‚Primitives' wird im Grunde nie völlig und allgemein überwunden, ebenso wie eine bestimmte Form der ‚Entwickeltheit' sich nie völlig und allgemein durchsetzt. Das für uns erkennbare Gefüge gestaltlich und strukturell unterschiedlicher Kulturäußerungen ist freilich nicht die Konklusion mechanisch sich auswirkender Evolutionsgesetze, sondern das Ergebnis eines historischen Entwicklungsprozesses. Bei einem solchen wird man weder Ein- noch Geradlinigkeit erwarten, sondern ein buntes Nebeneinander von im einzelnen unterschiedlichen Traditionen, Erscheinungsvergesellschaftungen und Beziehungen. Entscheidend ist, daß bei alledem insgesamt sich eine Entwicklung abzeichnet, die trotz aller Verschlungenheit sich als roter Faden durch die vorgeschichtlichen Epochen zieht, die ihren Ausgang in der altpaläolithischen Urmenschheit nimmt und über das durch wesentliche Neuerungen gekennzeichnete Jungpaläolithikum, das eine noch gewichtigere Zäsur darstellende Neolithikum zu den frühen Hochkulturen des Vorderen Orients und weiter über die Bronzezeit hin schließlich zur Schwelle der Antike führt. Diese historische Entwicklung läßt sich am handgreiflichsten im Bereich der Technik und der Wirtschaft verfolgen, da die uns verfügbaren Quellen diesen seiner Natur nach auf das Gegenständliche bezogenen Sektor der Geschichte am weitestgehenden erhellen. Dies heißt natürlich nicht, daß diese Seite der Kulturentwicklung die primäre und die geschichtliche Entwicklung insgesamt bedingende gewesen wäre. Vielmehr weisen die anderen Geschichtszeugnisse (Kunstäußerungen, Grab- und Bestattungsbefunde, Kultanlagen) darauf hin, daß wir dem Entwicklungsgeschehen als geschichtlichem Gesamtphänomen nur gerecht werden, wenn wir seine Wesensmitte in der jeweils konkreten Bewußtseinsausprägung bestimmter Menschengruppen sehen. Von da her können wir zur Vorgeschichte über ihre konkreten Einzelerscheinungen hinaus auch als Ganzes, nämlich als stufenweise Entfaltung dessen, was als Grundlage unseres personalen und gemeinschaftlichen Bewußtseins bis heute gültig ist, einen erkenntnismäßigen Zugang umfassender Art finden, nämlich im Sinn „forschenden Verstehens“.

Anmerkungen

I. Definition und Stellung der Vorgeschichte im Rahmen der Gesamtgeschichte

1. J. G. Droysen, Historik ^{5}(1967); F. Wagner, Geschichtswissenschaft ^{2}(1966); Th. Schieder, Geschichte als Wissenschaft (1965).
   Zur Vorgeschichte, wie sie in dieser Einführung verstanden wird, vgl. allgemein: H. Müller-Karpe, Handbuch der Vorgeschichte I. Altsteinzeit (1966); II. Jungsteinzeit (1968); III. Kupferzeit (1974); IV. Bronzezeit und V. Früheisenzeit (in Vorbereitung), im folgenden jeweils abgekürzt als Hdb. I–III.
2. C. Schuchhardt, Vorgeschichte von Deutschland ^{4}(1939); H. J. Eggers, Einführung in die Vorgeschichte ^{1}(1959, ^{2}1973); G. Mildenberger, Denkschrift zur Lage der Vorgeschichte (1966); K. J. Narr u. a., Abriß der Vorgeschichte (1957); Propyläen-Weltgeschichte I. Vorgeschichte – Frühe Hochkulturen (1961). – Hier wird zumeist ‚*Vorgeschichte*' als Synonym für ‚Vor- und Frühgeschichte' gebraucht, wobei als ‚*Frühgeschichte*' jeweils die Zeitspanne verstanden wird, in der in den einzelnen Gebieten zwar Schriftquellen in gewissem Umfang bzw. indirekt zur Verfügung stehen, unsere geschichtliche Kenntnis sich aber hauptsächlich oder doch großenteils auf archäologische Zeugnisse stützt (in diesem Sinne auch: H. Reinerth [Hrsg.], Vorgeschichte der Deutschen Stämme, 3 Bde. [1940]).
   Das Reallexion der Vorgeschichte, 15 Bde., hrsg. von M. Ebert (1924–1932) behandelt die Zeit bis zu Chr. Geb.
   Vielfach wird im deutschen Sprachgebrauch statt Vorgeschichte die Bezeichnung ‚*Urgeschichte*' verwendet (bezeugt seit Herder; in den anderen germanischen und den romanischen Sprachen gibt es dafür keine Entsprechungen), z. B. in neuerer Zeit: Narr (Hrsg.), Handbuch der Urgeschichte I (1966); J. Filip (Hrsg.), Enzyklopädisches Handbuch der Ur- und Frühgeschichte Europas, 2 Bde. (1966. 1969); K. H. Jacob-Friesen, Grundfragen der Urgeschichtsforschung (1928); C. Pescheck, Lehrbuch der Urgeschichtsforschung (1950); F. Felgenhauer, Einführung in die Urgeschichtsforschung (1973); W. Drack (Hrsg.), Ur- und frühgeschichtliche Archäologie der Schweiz (ab 1968); R. Pittioni, Urgeschichte des österreichischen Raumes (1954); G. Schwantes, Deutschlands Urgeschichte^{7} (1952); R. Grahmann/H. Müller-Beck, Urgeschichte der Menschheit^{3} (1967).
3. G. W. F. Hegel, Philosophie der Geschichte (1821; Ausgabe Reclam 1961) 122 ff.
4. J. Vogt, Hist. Jahrb. 62–69, 1949, 1 ff.; vgl. dazu H. Kirchner, Die Welt als Geschichte 2, 1951, 83 ff.
5. A. Darlap/J. Splett, in: Herders Theologisches Taschenlexikon 3 (1972) 35.
6. K. Marx, Kritik der politischen Ökonomie (1859) Vorwort; H. Fleischer, Marxismus und Geschichte (1969) 14.
7. K. Jaspers, Vom Ursprung und Ziel der Geschichte (1955).
8. F. Kern, Der Beginn der Weltgeschichte (1953); G. H. R. v. Koenigswald, Die Geschichte des Menschen ^{2}(1968); A. Haas (Hrsg.), Das stammesgeschichtliche

Werden der Organismen und des Menschen I (1959); P. Overhage/K. Rahner, Das Problem der Hominisation (1961); G. Heberer, Die Abstammung des Menschen (1966); P. L. de Vore (Hrsg.), The Origin of Man (Symposion Wenner-Gren Foundation 1965); A. Portmann, J. Kälin, H. Vallois, in: Historia Mundi I (1952) 21 ff.; Kälin, Das Menschenbild der neuen Anthropologie, in: Handbuch der Urgeschichte, hrsg. von K. J. Narr, I (1966) 29 ff.; G. Siegmund, Die seelisch-geistige Sonderstellung des Menschen, ebd. 59 ff.; Narr, Älteste Spuren der Kultur, ebd. 68 ff.

9. Vgl. neuerdings das Sammelwerk: Enzyklopädisches Handbuch der Ur- und Frühgeschichte Europas, hrsg. von J. Filip I (1966); II (1969). – An zusammenfassenden Darstellungen seien genannt: C. Schuchhardt, Alteuropa^{4} (1941); V. G. Childe, The Dawn of European Civilization^{4} (1947); S. Piggott, Ancient Europe, from the beginnings of Agriculture to Classical Antiquity (1965, deutsch 1972).

10. Vgl. Reallexikon der Assyriologie und Vorderasiatischen Archäologie (ab 1932); Handbuch der Orientalistik (ab 1952); Ed. Meyer, Geschichte des Altertums I, 2 ^{5}(1926); A. Scharff/A. Moortgat, Ägypten und Vorderasien im Altertum (1950); Die altorientalischen Reiche I und II. Fischer Weltgeschichte (1965. 1966). Im Handbuch der Archäologie behandelt B. Hrouda Vorderasien I: Mesopotamien, Babylonien, Iran und Anatolien (1971); Bd. II über Kypros, Syrien und Palästina soll folgen. – Vgl. weiterhin: Archiv f. Orientforsch. (ab 1923), Journ. Near East. Stud. (ab 1942); Syria (ab 1920); Mitt. Dtsch. Orientgesellschaft (ab 1898); Wiss. Veröff. Dtsch. Orientgesellschaft (ab 1900); Communications und Publications des Oriental Institute Chicago (ab 1927); Zschr. f. Assyriologie und Vorderasiatische Archäologie (ab 1886).

11. H. Alimen, The Prehistory of Africa (1957); J. D. Clark, The Prehistoric Cultures of the Horn of Africa (1972); ders., The Prehistory of Southern Africa (1959); S. Cole, The Prehistory of East Africa (1963); vgl. auch Proceedings of the Panafrican Congress for Prehistory (ab 1952).

12. D. H. Gordon, The Prehistoric Background of Indian Culture (1958); S. Piggott, Prehistoric India (1950); M. Wheeler, Alt-Indien und Pakistan (1959); M. W. Tweedie, Prehistoric Malaya (1955); A. H. Dani, Prehistory and Protohistory of Eastern India (1960); Te -k'un Cheng, Archaeology in China I (1959); Suppl. I (1966); II (1960); Kwang-chih Chang, The Archaeology of Ancient China ^{2}(1968); J. E. Kidder, Alt-Japan (1959).

13. K. Macgowan, Early Man in the New World (1950); H. M. Wormington, Ancient Man in North America ^{4}(1957); J. D. Jennings/E. Norbeck (Hrsg.), Prehistoric Man in the New World (1964); W. Lindig, Vorgeschichte Nordamerikas (1973).

14. Dies kommt am deutlichsten in den Regionalzeitschriften und Schriftenreihen zum Ausdruck:

Deutschland: Nachrichtenbl. f. Dtsch. Vorzeit (1925–1943); Offa, Ber. Mitt. Schleswig-Holst. Landesmus. f. Vor- u. Frühgesch. (ab 1936); Nachrichten aus Niedersachsens Urgesch. (ab 1924); Die Kunde (für Niedersachsen, ab 1933); Bodenaltertümer Westfalens (ab 1929); Bonner Jahrb. (ab 1842); Kölner Jahrb. für Vor- und Frühgeschichte (ab 1955); Fundber. aus Hessen (ab 1961); Badische Fundber. (1925–1967); Fundber. aus Schwaben (1893–1971); Veröff. d. Amtes f. Denkmalpfl. Stuttgart, A. Vor- und Frühgeschichte (1956–1970); Forsch. u. Ber.

zur Vor- und Frühgesch. in Baden-Württemberg (ab 1971); Beitr. Anthr. Urgesch. Bayerns (1877–1915); Bayer. Vorgeschfrd. u. -bl. (ab 1921); Jahresber. Bayer. Bodendenkmalpfl. (ab 1960); Materialhefte zur Bayer. Vorgesch. (ab 1952); Baltische Studien (ab 1832); Jb. Bodendenkmalpflege Mecklenburg (ab 1951); Beiträge zur Ur- und Frühgesch. der Bezirke Rostock, Schwerin und Neubrandenburg (ab 1967); Jahresschr. Mitteldeutsche Vorgesch. (ab 1902); Sachsens Vorzeit (1937–1942); Arbeits- u. Forschungsber. z. Sächs. Bodendenkmalpflege (ab 1950); Veröff. d. Landesmus. f. Vorgesch. Dresden (ab 1952); Ausgrabungen und Funde (für das Gebiet der Deutschen Demokratischen Republik, ab 1956); Der Spatenforscher (für Thüringen, 1936–1943); Alt-Thüringen (ab 1953).
Österreich: Wiener Prähist. Ztschr. (1914–1943); Archaeologia Austriaca (ab 1948); Mitt. Anthropol. Ges. Wien (ab 1871); Mitt. Österr. Arbeitsgem. f. Ur- u. Frühgesch. (ab 1950); Fundber. aus Österreich (ab 1930); Mitt. d. Prähist. Komm. d. Österr. Akad. Wiss. (ab 1887).
Tschechoslowakei: Památky Archeologické (ab 1855); Obzor Prehistorický (1922–1950); Archeologické Rozhledy (ab 1949); Slovenská Archeológia (ab 1953).
Polen: Archaeologia Polona (ab 1958); Archeologia Polski (ab 1957); Materiały Archeologiczne (ab 1959); Prace i Materiały Lódź (ab 1956); Przegląd Arch. (ab 1919), Altschlesien (1922–1941); Silesia Antiqua (ab 1959); Światowit (ab 1899); Wiadomości Arch. (ab 1873).
Dänemark: Aarbøger (ab 1866); Acta Archaeologica (ab 1930); Kuml (ab 1951).
Schweden: Fornvännen (ab 1906); Meddelanden Lunds Univ. Hist. Mus. (ab 1958); Tor (ab 1948).
Norwegen: Viking (ab 1937).
Finnland: Finska Fornminnesföreningens Tidskrift (ab 1874).
Jugoslawien: Archaeologia Jugoslavica (ab 1954); Diadora (ab 1959); Glasnik Ljubljana (1919–1945); Glasnik Sarajevo (ab 1946); Wiss. Mitt. Bosnien Herzegowina (1893–1916); Rad (ab 1952); Situla (ab 1960); Starinar Beograd (1884); Vjesnik Zagreb (ab 1879).
Britische Inseln: Antiquity (ab 1927); The Antiquaries Journ. (ab 1921); The Archaeol. Journ. (ab 1845); Proceed. Prehist. Soc. (ab 1935); Proc. Soc. Ant. Scotland (ab 1860); Proc. Royal. Irish Acad. (ab 1836); Journ. Roy. Soc. Ant. Ireland (ab 1851).
Holland: Berichten Rijksdienst Oudheidkundig Bodemonderzoek Amersfoort (ab 1950); Palaeohistoria (ab 1951).
Belgien: Bull. Soc. Roy. Belge d'Anthr. Préhistoire (ab 1882); Helinium (ab 1961).
Frankreich: L'Anthropologie (ab 1890); Archives de l'Institut de Paléont. Hum. (ab 1927); Bull Soc. Préhist. Franç. (ab 1904); Congrès Préhist. de France (ab 1902); Gallia Préhist. (ab 1958); L'Homme Préhist. (1903–1928); Préhistoire (ab 1932); Revue Arch. de l'Est et du Centre-Est (ab 1950).
Spanien: Archivo de Prehistoria Levantina (ab 1928); Ampurias (ab 1939); Zephyrus (ab 1950); Madrider Mitteilungen (ab 1960).
Schweiz: Anzeiger f. Schweiz. Altertumskd. (1868–1940); Jahrb. Schweiz. Ges. f. Ur- u. Frühgesch. (ab 1900); Ur- Schweiz (1937–69); Helvetia Archaeologia (ab 1970).
Italien: Bulletino di Paletnologia Italiana (ab 1875); Emilia Preromana (ab 1948); Monumenti Antichi (ab 1890); Notizie degli Scavi (ab 1876); Rivista di Scienze

Preistoriche (ab 1946); Sibrium (ab 1953); Studi Etruschi (ab 1927); Studi Sardi (ab 1934).
Rumänien: Dacia (ab 1924); Materiale şi Cercetări Arh. (ab 1953); Arheologia Moldovei (ab 1961); Studii şi Cercetări Ist. Veche (ab 1950); Acta Musei Napocensis (ab 1964).
Bulgarien: Archeologija (ab 1959); Godišnik Plovdiv (ab 1921); Izvestija Arch. Inst. Bulg. Akad. (ab 1910).
Griechenland: Kretika Chronika (ab 1947); Arch. Deltion (ab 1915); Arch. Ephem. (ab 1883); Praktika (ab 1871); Ann. Brit. School Athens (ab 1894); Bull. Corr. Hell. (ab 1877); Mitt. Dtsch. Arch. Inst. Athen (ab 1876); Journ. Hell. Stud. (ab 1880); Hesperia (ab 1932); Ann. Scuola Arch. Atene (ab 1914).
Rußland: Archeologija Kiew (ab 1947); Sovetskaja Arch. (ab 1936); Kratkije Soobšč. Inst. Arch. SSSR (ab 1939); Soobšč. GAIMK (ab 1926).

15. Internationale Kongresse für Paläoethnologie 1 (Neuchâtel 1866) bis 14 (Genf 1912); Kongresse der Internat. Union der Vor- u. Frühgesch. Wissenschaften (UISPP): 1. London, 1932; 2. Oslo, 1936; 3. Zürich, 1950; 4. Madrid, 1954; 5. Hamburg, 1958; 6. Rom, 1962; 7. Prag, 1966; 8. Belgrad, 1971.
16. S. Schott, Ägyptologie I., Hdb. d. Orientalistik I (1959); A. Erman, Ägyptische Grammatik ^{4}(1928); ders., Wörterbuch der ägyptischen Sprache, 6 Bd. (1926–50); Ed. Meyer, Geschichte des Altertums I, 2 ^{5}(1926); A. H. Gardiner, Geschichte des alten Ägypten (1965); H. Kees, Aegypten. Kulturgeschichte des Alten Orients (1933); Helck/Otto, Kleines Wörterbuch der Ägyptologie (1956); E. Otto, Ägypten. Der Weg des Pharaonenreiches ^{4}(1966); J. Vandier, Manuel d'archéologie égyptienne, 3 Bde. (1952–1958). – Zeitschriften: Zschr. f. ägypt. Sprache u. Altkd. (ab 1863); Journ. Egypt. Arch. (ab 1914); Mitt. Dtsch. Arch. Inst. Kairo (ab 1930).
17. Hdb. d. Orientalistik, I. Abtlg. Bd. II Keilschriftforschung und Alte Geschichte Vorderasiens, 1 u. 2: A. Falkenstein, Geschichte der Forschung, Sprache und Literatur (1964); 3: H. Schmökel, Geschichte des Alten Vorderasien (1957); Cambridge Anc. Hist. I, 2 ^{3}(1971) 93 ff.; II, 1 ^{3}(1973) 1 ff.; A. Ungnad, Babylonisch-assyrische Grammatik ^{3}(1949); Meißner, Babylonien und Assyrien I, II (1920–1925); ders., Könige Babyloniens und Assyriens (1926); Ebeling/Meißner (Hrsg.), Reallexikon der Assyriologie und Vorderasiatischen Archäologie (ab 1932); G. Contenau, Manuel d'archéologie orientale, 4 Bde. (1927–1947); W. v. Soden, Sumer, Babylon und Hethiter in: Propyläen-Weltgeschichte (1962); A. Parrot, Sumer (1960); ders., Assur (1961).
18. B. Hrozný, Die Sprache der Hethiter (1917); ders., Über die Kultur und Sprachen im alten Chattiland (1920); F. Sommer, Hethiter und Hethitisch (1947); J. Friedrich, Hethitisches Elementarbuch, 2 Bde. (1940. 1946); A. Goetze, Kulturgeschichte des Alten Orients, Kleinasien (Hdb. d. Altertumswiss. III, 1 III, ^{2}1957).
19. O. Franke, Geschichte des chinesischen Reiches, 5 Bde. (1930–1952); Li Chi, The Beginnings of Chinese Civilization (1957); A. F. P. Hulsewé, China im Altertum, in: Propyläen-Weltgeschichte (1963).
20. s. Anm. 16.
21. s. Anm. 17.
22. s. Anm. 18.
23. s. Anm. 19.

24. Vgl. die in Anm. 2, 14 und 15 genannte Lit.; ferner die allgemeinen vor- und frühgeschichtlichen Zeitschriften: Bericht der Römisch-Germanischen Kommission (ab 1904); Germania, Anzeiger der Röm.-Germ. Komm. (ab 1917); Prähistorische Zeitschrift (ab 1909); Mannus, Zeitschrift für Deutsche Vorgeschichte (1909–1942); Archäologisches Korrespondenzblatt (ab 1971); Jb. d. Röm.-Germ. Zentralmus. (ab 1954) sowie J. Filip (Hrsg.), Enzyklopädisches Handbuch zur Ur- und Frühgeschichte Europas (1966. 1969) und: Führer zu vor- und frühgeschichtlichen Denkmälern, hrsg. vom Röm.-Germ. Zentralmus. (ab 1964).
25. H. Bengtson, Einführung in die Alte Geschichte [7](1974); ders., Griechische Geschichte (Hdb. d. Altertumswiss. 1960); ders., Grundriß der Römischen Geschichte I (Hdb. d. Altertumswiss. 1967).
26. Hdb. d. Archäologie I, hrsg. von W. Otto (1939); II, hrsg. von R. Herbig (1954); Allgemeine Grundlagen der Archäologie, hrsg. von W. Hausmann (1969); H. G. Niemeyer, Einführung in die Archäologie (1968). – Die bedeutendsten deutschen Zeitschriften sind: Jahrb. d. Dtsch. Arch. Inst. (ab 1886); Mitt. Dtsch. Arch. Inst. Athen (ab 1876); dass. Rom (ab 1860).
Zur antiken *Numismatik:* K. Regling, Münzkunde (in: Gercke-Norden, Einleitung in die Altertumswissenschaft II/2, Leipzig-Berlin 1922); J. Babelon, La numismatique antique (1964); C. H. V. Sutherland, Ancient numismatics: a brief introduction (1958); K. Christ, Antike Numismatik. Einführung und Bibliographie (1967); M. R.-Alföldi, Antike Numismatik. Theorie, Praxis, Bibliographie (1975). – Speziell zur *griechischen Numismatik:* Ch. Seltman, Greek coins: a history of metallic currency and coinage down to the fall of the Hellenistic kingdoms [3](1960), zur *römischen Numismatik:* H. Mattingly, Roman Coins from the earliest times to the fall of the western Empire [2](1960), zur *keltischen Numismatik:* R. Forrer, Keltische Numismatik der Rhein- und Donaulande (1910); Band 2: Bibliographische Nachträge und Ergänzungen (1969).
Mitunter wird der Begriff ‚Klassische Archäologie' so verstanden, daß das ‚klassisch' sich nicht zeitlich auf die (klassische) Antike, sondern räumlich auf die (klassischen) Länder, Griechenland und Italien, bezieht, einschließlich der vorantik-prähistorischen Kulturen dieser Länder. Der einfache Begriff ‚Archäologie' wird im deutschen (ebenso wie im angelsächsischen, im romanischen und im slawischen) Sprachraum allgemein als Synonym mit Vor- und Frühgeschichte verwendet, wobei eine gewisse Unterscheidung insofern vorgenommen wird, als Archäologie mehr die unmittelbare Denkmälerbeschäftigung meint, während ‚Vorgeschichte', bzw. ‚Vor- und Frühgeschichte' mehr das Beschäftigungsobjekt als Erkenntnisziel im Auge hat (analog dem Begriffspaar ‚Philologie' und ‚Literaturgeschichte').
27. W. Schmidt, Hdb. d. vergleichenden Religionsgesch. (1930); G. Mensching, Allgemeine Religionsgeschichte (1949); F. König, Religionswissenschaftliches Wörterbuch (1956); ders., (Hrsg.) Christus und die Religionen der Erde, 3 Bde. (1951); C. Clemen, Die Religionen der Erde (1927); J. G. Frazer, The Golden Bough, 7 Bde. (1911 ff.); Archiv f. Religionswissenschaft (seit 1898).
28. H. Krahe, Indogermanische Sprachwissenschaft (1943); ders., Sprachverwandtschaft im alten Europa (1951); ders., Ortsnamen als Geschichtsquelle (1949); ders., Unsere ältesten Flußnamen (1964); dazu H. Kuhn, Anz. f. Dtsch. Altertum 78, 1967, 1 ff.

29. F. Gräbner, Methoden der Ethnologie (1911); W. E. Mühlmann, Methodik der Völkerkunde (1938); W. Schmidt, Hdb. d. Methode der kulturhist. Ethnologie (1937); K. Birket-Smith, Geschichte der Kultur ²(1958); K. Dittmer, Allgemeine Völkerkunde (1954); J. Haekel, Zum heutigen Forschungsstand der historischen Ethnologie, in: Festschr. f. W. Schmidt (1956) 17ff.; E. Haberland, Geschichtsforschung in Afrika (Sitzber. Wiss. Ges. Univ. Frankfurt a. M. 1975).
30. H. Hassinger, Geographische Grundlagen der Geschichte ²(1953); H. v. Wissmann, Die Entwicklungsräume des Menschen (Universitas 1, 1946, 313 ff.); ders., Ursprungsherde und Ausbreitungswege von Pflanzen- und Tierzucht (Erdkunde 11, 1957, 81ff.); K. W. Butzer, Studien zum vor- und frühgeschichtlichen Landschaftswandel der Sahara, 3 Bde. (1958. 1959); E. Wahle, Die Besiedlung Südwestdeutschlands in vorrömischer Zeit nach ihren natürlichen Grundlagen (12. Ber. Röm.-Germ. Komm. 1920, 1ff.); Jäger/Krenzlin/Uhlig (Hrsg.), Beiträge zur Genese der Siedlungs- und Agrarlandschaft in Europa (1968); H. Jäger, Historische Geographie (1969).
31. Versuche, aus jüngeren Befunden Erkenntnisse über geschichtliche Verhältnisse und Geschehnisse wesentlich älterer Zeiten abzuleiten, werden vielfach als ‚Urgeschichte' bezeichnet, so bereits die diesbezügliche Darstellung von Herder (s. S. 22). Ausschließlich ethnologische sowie sprachwissenschaftliche und völkerpsychologische Beobachtungen liegen dem Werk von O. Caspari, Die Urgeschichte der Menschheit ²(1877) zugrunde. In der Ägyptologie wird als ‚Urgeschichte' das Unterfangen bezeichnet, aus den sogenannten Pyramidentexten der 5. und 6. Dynastie die ethnische und politische Geschichte der Urzeit (vor der 1. Dyn.) zu erschließen (K. Sethe, Urgeschichte und älteste Religion der Ägypter [1930]), entsprechend in der Sinologie als ‚chinesische Urgeschichte' die die mythische Urzeit betreffenden Erzählungen aus der frühgeschichtlichen Han-Zeit (G. Haloun, Die Rekonstruktion der chinesischen Urgeschichte durch die Chinesen. Japan.-Dtsch. Zschr. 3, 1925, 243 ff.), weiterhin in der christlichen Theologie als ‚biblische Urgeschichte' die mythische Darstellung der Urzeit von der Erschaffung der Welt bis zum Sündenfall in den Kapiteln 1–3 der Genesis (vgl. H. Renckens, Urgeschichte und Heilsgeschichte [1959]). Auch die Wiener Kulturkreislehre, die aus einer Interpretation rezent-ethnologischer Befunde ein Bild der Urzeit zu entwerfen versuchte, verwendete konsequent dafür die Bezeichnung ‚Urgeschichte' (W. Koppers, Der Urmensch und sein Weltbild [1949]); ebenso pflegt im Rahmen eines marxistischen Geschichtsbildes die auf F. Engels zurückgehende Beurteilung der menschlichen Urgesellschaft als ‚Urgeschichte' benannt zu werden. – Davon unberührt bleibt freilich, daß heutzutage der Begriff ‚Urgeschichte' in der Regel einfach als Synonym für ‚Vorgeschichte' gebraucht wird. Allerdings ist bezeichnend, daß (ähnlich wie O. Menghin, in: Hdb. d. Arch. I [1939] 57 und in: Historia Mundi I Frühe Menschheit [1952] 234 f.) jüngst F. Felgenhauer, Einführung in die Urgeschichtsforschung (1973) 39 f., eine Unterscheidung von Urgeschichte und Vorgeschichte insofern durchführt, als er zu den *Ur*geschichtswissenschaften auch Sparten der Sprachwissenschaft (sprachliche Altertumskunde), die Paläopsychologie, die Volks- und die Völkerkunde rechnet und der prähistorischen (d. h. *vor*geschichtlichen) Archäologie innerhalb dieser Urgeschichtswissenschaften nur eine bevorzugte Rolle zubilligt.

II. Geschichte der Vorgeschichtsforschung

32. Vgl. P. H. Stemmermann, Die Anfänge der deutschen Vorgeschichtsforschung (1934); J. Evans, The Ancient Stone Implements (1872) 1 ff.; E. Cartailhac, La France préhistorique (1889) 1 ff.; H. Gummel, Forschungsgeschichte in Deutschland (1938); E. Wahle, Geschichte der prähistorischen Forschung (Anthropos 45, 1950; 46, 1951); G. E. Daniel, A Hundred Years of Archaeology (1950); Hdb. I, 1 ff.; II, 1 ff.; III, 1 ff.
33. F. Helmich, Urgeschichtliche Theorien in der Antike (Mitt. Anthr. Ges. Wien 61, 1931, 29 ff.); Chronik Ottos von Freising (zweisprachige Ausgabe, 1961), darin: Einleitung von W. Lammers; R. Schmidt, Aetates mundi, Die Weltalter als Gliederungsprinzip der Geschichte (Zschr. f. Kirchengesch. 67, 1955–56, 288 ff.); J. Ehlers, Hugo von St. Viktor. Studien zum Geschichtsdenken und zur Geschichtsschreibung des 12. Jh. (1973).
34. Thomas von Aquino, Summe der Theologie, 96. und 97. Unters. (Kröner I ^{3}[1954] 331 ff.).
35. M. K. Ayad, Die Geschichts- und Gesellschaftslehre Ibn Ḫalduns (1930); E. Rosenthal, Ibn Khalduns Gedanken über den Staat (1932); Hdb. II, 18 f.
36. De rerum natura V 931 ff. – Vgl. A. Mennung, Über die Vorstufen der prähistorischen Wissenschaft im Altertum und Mittelalter (1925); Helmich a.a.O.
37. s. Anm. 32.
38. J. Oesterlingius, Dissertatio historica de Urnis sepulcralibus et Armis lapideis veterum Cattorum (1714, neu hrsg. von W. Niemeyer, in: Kurhess. Bodenaltert. 4, 1964).
39. Gummel a.a.O. 41 ff.
40. Gummel a.a.O. 42.
41. F. Meinecke, Die Entstehung des Historismus ^{2}(1946) 27 ff.; W. Conze, Leibniz als Historiker (1951) 58 ff.
42. s. Anm. 41.
43. G. Vico, Die neue Wissenschaft über die gemeinschaftliche Natur der Völker (1744, deutsch 1924 und 1966).
44. J. J. Rousseau, Contrat social (1762).
45. A. Ferguson, An Essay on the history of civil society ^{7}(1814, deutsch 1923).
46. J. G. Herder, Ideen zur Philosophie der Geschichte der Menschheit, 4 Bde. (1784–1791).
47. Gummel a.a.O. 102.
48. U. a. in den von Vulpius herausgegebenen „Kuriositäten der physisch-literarisch-artistisch-historischen Vor- und Mitwelt zu angenehmen Unterhaltung für gebildete Leser 2, 1812, 262 ff.; vgl. G. Neumann, Goethes Sammlung vor- u. frühgesch. Altertümer (Jahresschr. mitteld. Vorgesch. 36, 1952, 184 ff.); L. Franz, Goethe und die Urzeit (1949).
49. Zu Büsching s. H. Seger, Altschlesien 2, 1929, 180.
50. H. Kühn, Kunst und Kultur der Vorzeit Europas (1929) 42 ff.; Hdb. I, 5 ff.
51. K. J. Narr/R. v. Uslar, in: K. Tackenberg (Hrsg.), Der Neanderthaler und seine Umwelt (1956); Hdb. I, 2 ff.

52. F. Keller, 1. Pfahlbaubericht (1854); W. U. Guyan (Hrsg.), Das Pfahlbauproblem (1954).
53. H. Schliemann, Trojanische Alterthümer (1874); ders., Ilios (1881); Hdb. III, 2. – Vgl. H. Schliemann, Selbstbiographie, hrsg. von S. Schliemann [9](1955).
54. F. Petrie/Quibell, Naqada and Ballas (1896); Hdb. II, 6.
55. O. Montelius, Die Kultur Schwedens in vorchristlicher Zeit (1885, schwed. 1878); ders., Der Orient und Europa (1899).
56. Compte rendu du Congrès de Bologne 1871 (1873) 274 ff.; G. Gozzadini, La nécropole de Villanova (1870); L. Pigorini/G. Chierici, Bull. Paletn. Ital. 4, 1878, 75 ff.
57. L. Lindenschmit, Altert. uns. heidn. Vorz. III, 1 (1871) 46 f.
58. Beitr. Anthr. Urgesch. Bayerns 4, 1881, 48 ff.
59. Montelius, Om tidsbestämning inom bronsålderen (1885); ders., Sur la chronologie de l'âge du bronze (Matériaux pour l'Histoire de l'Homme 1885, 38 ff.); ders., Die Chronologie der älteren Bronzezeit in Norddeutschland und Skandinavien (1900). – Vgl. auch S. Müller, Ordning af Danmarks Oldsager, II. Bronzealderen (1891).
60. Erstmalig H. Hildebrand, Congrès d'Anthr. et d'Arch. préhist. 1974 Stockholm.
61. O. Tischler, Westd. Zschr. 5, 1886, 176 ff.; I. Undset, ebd. 4 ff.; ders., Das erste Auftreten des Eisens in Nordeuropa (1881, deutsch 1882); J. Naue, Mitt. d. Mus. Ver. f. Vorgesch. Altert. Bayerns 6, 1886, 3.
62. R. Barros Sivelo, Antigüedalas de Galicia (1875); F. Pulszky, L'âge du cuivre en Hongrie (Compte rendu Budapest 1876, I 220 ff.); ders., Kupferzeit in Ungarn (1884); M. Much, Die Kupferzeit in Europa und ihr Verhältnis zu den Indogermanen (Mitt. Zentralkomm. NF. 1885–1886).
63. F. Klopfleisch, Vorgeschichtliche Altertümer in der Provinz Sachsen I (1883).
64. O. Tischler, Schriften d. Physik. Ökon. Ges. Königsberg 23, 1882, 17 ff.
65. Aarbøger for Nordisk Oldkyndighed og Historie (ab 1866); Matériaux pour l'Histoire Primitive et Naturelle de l'Homme (ab 1864); L'Anthropologie (ab 1890); Zeitschrift f. Ethnologie (ab 1869) mit Nachrichten über Deutsche Altertumsfunde (ab 1890); Korrespondenzblatt der Deutschen Gesellschaft für Anthropologie, Ethnologie und Urgeschichte (ab 1870); Archiv f. Anthropologie (ab 1895); Mitteilungen der Anthropol. Ges. Wien (ab 1871); Mitt. d. Prähist. Komm. d. Österr. Akad. Wiss. (ab 1887); Wiss. Mitt. aus Bosnien und Herzegowina (ab 1893); Beiträge zur Anthropologie und Urgeschichte Bayerns (ab 1877); Prähistorische Blätter (ab 1889); Archaeologiai Értesitö NF. (ab 1881); Anzeiger für Schweizer. Altertumskunde (ab 1868); Bulletino di Paletnologia Italiana (ab 1875).
66. Korrbl. Dtsch. Ges. Anthr. Ethn. Urgesch. 12, 1881, 70 f.
67. H. Breuil, Quatre cents siècles d'art pariétal (1952); ders./Lantier, Les Hommes de la pierre ancienne (1951); H. Obermaier, Der Mensch der Vorzeit (1911–1912); vgl. auch J. Déchelette, Manuel d'archéologie préhistorique, celtique et gallo-romaine I (1908).
68. Kühn, Kunst und Kultur der Vorzeit Europas (1929); Hdb. I, 9.
69. P. Reinecke, Korrbl. Dtsch. Ges. Anthr. Ethn. Urgesch. 31, 1900, 25 ff.; ebd. 33, 1902, 17 ff. 27 ff.; Altert. uns. heidn. Vorz. V (1905–1911) 103 ff. 205 ff. 208 ff. 231 ff. 235 ff. 315 ff.

70. Zusammenfassende Forschungsberichte über die Jungsteinzeit und die Bronzezeit gab K. Schumacher: 8. Ber. Röm. Germ. Komm. 1913–1915, 30 ff.; ebd. 10, 1917, 7 ff.
71. Hoernes, Urgeschichte der bildenden Kunst [1](1898). – 1914 begründete Hoernes die Wiener Prähist. Zeitschrift.
72. C. Schuchhardt, Prähist. Zschr. 1, 1909, 209 ff. – Die Gründung der Prähistorischen Zeitschrift ist ein Werk Schuchhardts.
73. Erster Vortrag Kossinnas von 1895 über: „Die vorgeschichtliche Ausbreitung der Germanen in Deutschland"; es folgte einer über „Die indogermanische Frage, archäologisch beantwortet" (Zeitschr. f. Ethn. 34, 1902, 34. 217). – Ein weiterer Vortrag „Deutsche Vorgeschichte eine hervorragend nationale Wissenschaft" von 1911 erschien bald darauf in Buchform (insgesamt 7 Auflagen, zuletzt 1936).
74. Vgl. vor allem die von Kossinna begründete und herausgegebene Zeitschrift Mannus (ab 1909) sowie die Mannus-Bibliothek (ab 1910).
75. A. Evans, The Palace of Minos at Knossos, 4 Bde. (1921–1935); Hdb. III, 5.
76. Chr. Tsountas, Hai prohistorikai akropoleis Dimeniou kai Sesklou (1908).
77. A. Mayr, Die vorgeschichtlichen Denkmäler von Malta (1901).
78. H. u. L. Siret, Les premiers Ages du Métal dans le Sud-Est de l'Espagne (1887).
79. Ed. Meyer, Ägyptische Chronologie (1904); vgl. auch L. Borchardt, Die Annalen und die zeitliche Festlegung des Alten Reiches (1917).
80. H. Junker, Anz. Akad. Wiss. Wien 1929–1941; G. Caton-Thompson/E. W. Gardner, The Desert Fayum (1934); Hdb. II, 400 f., 404 f.
81. S. Langdon, Ausgrabungen in Babylonien seit 1918 (1926); W. Andrae, in: Hdb. d. Arch. I (1939) 643 ff.; Hdb. II, 7 ff.; III, 6 ff.
82. E. F. Schmidt, Excavations at Tepe Hissar (1937); Hdb. II, 539 f.; III, 1038.
83. J. Marshall, Mohenjo-daro and the Indus Civilization (1931); M. S. Vats, Excavations at Harappa (1940); E. Mackay, Early Indus Civilization [2](1948); Hdb. III, 7. 1040 ff.
84. P. Montet, Byblos et l'Egypte (1928); J. Garstang, Ann. Arch. Anthr. 1932-1936 (Jericho); C. F. A. Schaeffer, Ugaritica I (1939) – IV (1962); G. Loud, Megiddo II. Seasons of 1935–1939 (1948); J. Garstang, Prehistoric Mersin (1953); Hdb. III, 842. 844. 847. 863.
85. A. Rust, Die Höhlenfunde von Jabrud (1950); D. A. E. Garrod/Bate, The Stone Age of Mount Carmel I (1937); R. Neuville, Archives Inst. Paléont. Hum. Mém. 24, 1951; Hdb. I, 339 ff.
86. H. Z. Koşay, Ausgrabungen von Alaca Höyük (1938 und 1944); H. H. v. d. Osten/E. F. Schmidt, The Alishar Hüyük (1930–1937); K. Bittel, Grundzüge der Vor- und Frühgeschichte Kleinasiens [1](1945); Hdb. III, 853 ff.
87. A. Rust, Das altsteinzeitliche Rentierjägerlager Meiendorf (1937); F. Hančar, Präh. Zschr. 30–31, 1939–1940, 89 ff.; W. Buttler/W. Haberey, Die bandkeramische Ansiedlung von Köln-Lindenthal (1936); G. Bersu, Germania 20, 1936, 229 ff.; ders., in: Neue deutsche Ausgrabungen (1930) 130 ff. (Goldberg); M. Vasić, Preistoriska Vinča, 4 Bde. (1932–1936); K. Jażdżewski, Wiadom. Arch. 15, 1938, 1 ff. (Brześć Kujawski); R. R. Schmidt, Jungsteinzeitsiedlungen im Federseemoor (1930) (Aichbühl); ders., Die Burg Vučedol (1945); V. G. Childe,

Skara Brae (1931); H. Reinerth, Die Wasserburg Buchau (1928); Hdb. I, 301. 333 f.; II, 462. 489. 495. 497. 507; III, 934. 920. 1010.

88. G. Clark, Proc. Prehist. Soc. 2, 1936, 23 ff.; S. u. C. M. Piggott, Antiquity 13, 1939, 40 ff.; Hdb. III, 657 ff.

89. P. Teilhard de Chardin, L'Anthropologie 45, 1935, 735 ff.; ders., Early Man in China (1941); Hdb. I, 98; J. G. Andersson, An Early Chinese Culture (1923); ders., Children of the yellow Earth (1934); Hdb. II, 179.

90. L. Balout, Préhistoire de l'Afrique du Nord (1955); R. Vaufrey, Préhistoire de l'Afrique I (1955); L. Frobenius, Ekade Ektab, die Felsbilder Fezzans (1937); Hdb. I, 99 f.; II, 308 f.

91. *Persischer Golf:* P. V. Glob, u.a. Kuml 1954–1964; Hdb. III, 365f. – *Afghanistan:* J.-M. Casal, Fouilles de Mundigak (1961); Hdb. II, 176; III, 368 f. – *Turkmenistan:* V. M. Masson, Cah. Hist. Mond. 1959, 1 ff.; Hdb. II, 173 f. – *Indien:* H. D. Sankalia, Prehistory and Protohistory in India and Pakistan (1962); F. R. Allchin, Neolithic Cattle-Keepers of South India (1963); Hdb. II, 177. – *Sibirien:* A. P. Okladnikov, Ancient Populations of Sibiria and its Culture (1959); ders., The Soviet Far East in Antiquity (1965); Hdb. III, 378 f.

92. S. Lloyd, Journ. Near East. Stud. 4, 1945, 255; Hdb. II, 418 (Hassuna); Abu es Soof, Sumer 21, 1965, 17 ff.; Hdb. II, 419 (Tell as-Sauwan); J. Mellaart, Çatal Hüyük, Stadt aus der Steinzeit (1967); Hdb. II, 438; Mellaart, Hacilar I. II. (1970); Hdb. II, 439; P. Dikaios, Khirokitia (1953); Hdb. II, 442; D. Kirkbride, Palest. Expl. Quart. 1960 und 1966; Hdb. II, 429 (Beidha); K. M. Kenyon, Digging up Jericho (1957); Hdb. II, 430; J. Perrot, Israel Expl. Journ. 1957 und 1960; Hdb. II, 434 (Eynan); M. Stekelis, Israel Expl. Journ. 1963, 1 ff.; Hdb. II, 436 (Nahal Oren); J. L. Caskey, Hesperia 1954–1959; Hdb. II, 449; III 875 (Lerna); V. Milojčić, Jahrb. Röm.-Germ. Zentralmus. 6, 1959, 1 ff.; Hdb. II, 444, 451; L. Bernabò Brea, Alt-Sizilien (1958); Hdb. II, 514; III, 907 (Lipari); E. Sangmeister, Germania 34, 1956, 211 ff.; Hdb. III, 978 (Vila Nova de S. Pedro); Sangmeister/Schubart, Madr. Mitt. 1965–1971; Hdb. III, 979 (Zambujal); G. I. Georgiev, in: L'Europe à la fin de l'âge de la pierre (1961) 48; Hdb. II, 464 (Karanovo); (V. Dumitrescu u. a.), Hăbăşeşti, Monografie Arheologică (1954); Hdb. II, 470; M. Petrescu-Dîmboviţa, Prähist. Zschr. 41, 1963, 172 ff.; Hdb. II, 473 (Truşeşti); T. S. Passek, Periodizacija tripoljskich poselenij (1949); Hdb. II, 534 (Kolomijščina); B. Soudský, Bylany (1966); Hdb. II, 482; H. T. Waterbolk, Palaeohistoria 1958–1959; Hdb. II, 510 (Geleen); P. J. R. Modderman, Linearbandkeramik aus Elsloo und Stein (1970); Hdb. II, 510; R. Kuper, Bonn. Jb. 166, 1966, 370ff.; Hdb. II, 597 (Inden); H. Zürn, Das jungsteinzeitliche Dorf Ehrenstein, Kr. Ulm I (1965); Hdb. III, 933; W. U. Guyan, in: Das Pfahlbauproblem (1955) 221 ff.; Hdb. III, 961 (Thayngen); W. Kimmig u. E. Gersbach, Germania 44, 1966, 102 ff.; 49, 1971, 21 ff. (Heuneburg).

93. Z. B. Friedhöfe der Bandkeramikkultur von Sondershausen (H. D. Kahlke, Die Bestattungssitten des Donauländischen Kulturkreises [1954]; Hdb. II, 503) und Stein (Modderman, Linearbandkeramik aus Elsloo und Stein [1970]), der Lengyel-Kultur von Zengövárkony (J. Dombay, Die Siedlung und das Gräberfeld in Zengövárkony [1960]; Hdb. II, 480), der kupferzeitlichen Badener Kultur von Budakalász, Fonyód usw. (J. Banner/J. Korek, Die Péceler Kultur [1956]; Hdb. III, 916 ff.), der slowakischen Frühbronzezeitkultur von Branč (J. Vladár,

Gräberfelder der älteren Bronzezeit in Branč [1973]; Hdb. III, 924), der Schnurkeramikkultur von Vikletice (M. Buchvaldek/D. Koutecký, Vikletice, ein schnurkeramisches Gräberfeld [1970]; Hdb. III, 928), der frühhelladischen Kultur von Aghios Kosmas (G. E. Mylonas, Aghios Kosmas [1959]; Hdb. III, 809), der mährischen Urnenfelderkultur von Oblekovice (J. Říhovský, Das Urnengräberfeld von Oblekovice [1968]), der mittelbronzezeitlich-westrumänischen Kultur von Cîrna (V. Dumitrescu, Necropola de incinerație de la Cîrna [1961]), der ältereisenzeitlich-westrumänischen Kultur von Ferigile (A. Vulpe, Necropola hallstattiană de la Ferigile [1967]).
Bezeichnend ist auch, daß einige früher ausgegrabene Friedhöfe erst in neuerer Zeit systematisch ediert wurden, z. B. die Friedhöfe der früh etruskischen Kultur von Tarquinia (H. Hencken, Tarquinia, Villanovans and Early Etruscans [1968], des eponymen Ortes der Hallstattkultur (K. Kromer, Das Gräberfeld von Hallstatt [1959]); der nordbayerischen Hallstattkultur von Beilngries (W. Torbrügge, Die Hallstattzeit in der Oberpfalz II [1965]), der bronzezeitlichen und eisenzeitlichen Glasinac-Kultur (A. Benac/B. Čović, Glasinac I (1956); II (1957).

94. J. Driehaus, Die Altheimer Gruppe und das Jungneolithikum in Mitteleuropa (1960); I. Bognár-Kutzián, The Early Copper Age Tiszapolgár Culture in the Carpathian Basin (1972); W. Torbrügge, Die Bronzezeit in der Oberpfalz (1959); E. Aner/K. Kersten, Die Funde der älteren Bronzezeit des nordischen Kreises in Dänemark, Schleswig-Holstein und Niedersachsen I: Frederiksborg und Københavns Amt (1973); weitere Bände in Vorbereitung; F.-R. Herrmann, Die Funde der Urnenfelderkultur in Mittel- und Südhessen (1966); G. Kossack, Südbayern während der Hallstattzeit (1959).
95. J. D. Evans, The Prehistoric Antiquities of the Maltese Islands (1971); H.-J. Hundt, Katalog Straubing I (1958); II (1964); K. Kersten, Vorgeschichte des Kreises Herzogtum Lauenburg (1951); H. Hingst, Vorgeschichte des Kreises Stormarn (1959).
96. G. u. V. Leisner, Die Megalithgräber der Iberischen Halbinsel, 4 Bde. (1943–1965); A. S. Henshall, The Chambered Tombs of Scotland, 2 Bde. (1963. 1972); E. Schuldt, Die mecklenburgischen Megalithgräber (1972); U. Fischer, Die Gräber der Steinzeit im Saalegebiet (1956).
97. Prähistorische Bronzefunde, hrsg. von H. Müller-Karpe (ab 1969), zu dem Unternehmen s. ders., ebd. XX, 1 (1974) V ff. und ders., Jber. Inst. Vorgesch. Univ. Frankfurt 1973, 16 ff.
98. Hdb. I, 30 ff.
99. Hdb. III, 485.
100. U. Fischer, Mitteldeutschland und die Schnurkeramik (Jahresschr. Halle 41–42, 1958, 293 ff.); ders., Zum Problem der spätneolithischen Gruppenbildung an Saale und mittlerer Elbe (in: L'Europe à la fin de l'âge de la pierre [1961] 415 ff.); M. P. Malmer, Jungneolithische Studien (1962); H. Behrens, Die Jungsteinzeit im Mittelelbe-Saale-Gebiet (1973) 251 ff.; J. Werner, Atti I[e] Congr. Int. Preist. Protost. Mediterr. Firence (1950) 293 ff.; ders., Pam. Arch. 52, 1961, 384 ff.; H. Zürn, Hallstattforschungen in Nordwürttemberg (1970); G. Kossack, Gräberfelder der Hallstattzeit an Main und fränkischer Saale (1970) 139 ff.; W. Kimmig, Zum Problem späthallstättischer Adelssitze, in: Siedlung, Burg und Stadt (Festschr. f. P. Grimm 1969) 95 ff.; Müller-Karpe, Bayer. Vorgeschbl. 20, 1954, 113 ff.; ebd. 23, 1958, 8 ff.; ders., Germania 40, 1962, 255 ff.

101. Zu welcher Ratlosigkeit der Versuch führt, die Frage nach dem Sinn der Vorgeschichte unter strikter Außerachtlassung jedweder allgemein-philosophischer Überlegungen rein aus der geschichtswissenschaftlichen Forschung selbst heraus zu beantworten, führt nachdrücklich die Reflexion von R. Hachmann vor Augen: Kāmid el Lōz und die Amarna-Zeit, oder: vom Sinn und Unsinn der Kulturgeschichte und ihrer Erforschung (Wiss. Ges. Saarland 1972).

III. Die Quellen

102. S. Schott, Hieroglyphen, Untersuchungen zum Ursprung der Schrift (1951); A. Falkenstein, Archaische Texte aus Uruk (1936). – Vgl. auch Anm. 16 u. 17.
103. S. Smith/C. J. Gadd, in: J. Marshall, Mohenjo-daro and the Indus-Civilisation II (1931) 406 ff.; M. Wheeler, The Indus Civilization ^{3}(1968) 117 f.; Hdb. III, 65 ff.
104. A. Goetze, Kleinasien (Hdb. d. Altertumswiss. III, 1^{2} 1957) 56ff., 82ff.; Hdb. III, 61 ff.
105. F. Schachermeyer, Die minoische Kultur des alten Kreta (1964) 239 ff.; E. Grumach, in: Hdb. d. Arch.: Allgemeine Grundlagen der Archäologie (1969) 235 ff.; J. Chadwick, Linear B, die Entzifferung der mykenischen Schrift (1959); Hdb. III, 66 f.
106. H. Bengtson, Griechische Geschichte ^{2}(1960) 66 ff.; T. J. Dunbabin, The Western Greeks (1948).
107. A. Rehm, in: Hdb. d. Archäologie I (1942) 206ff. M. Pallottino. Elementi di lingua etrusca (1936); ders. (Hrsg.), Testimonia Linguae Etruscae (1954); J. Heurgon, Die Etrusker (1972) 28ff,
108. K. F. Geldner, Der Rig-Veda, 4 Bde. (1951–1957).
109. S. Anmerkungen 16–19.
110. Ed. Meyer, Geschichte des Altertums I, 2^{5} (1926) 102 ff., 349 f.; W. Helck, Untersuchungen zu Manetho (1956); K. F. Geldner, Der Rig-Veda, 4 Bde. (1951–1957); J. Bright, Geschichte Israels (1966); H. Maspero, Légendes mythologiques dans le Chou-king, in: Journ. Asiatique 204, 1924, 1 ff.; O. Franke, Geschichte des Chinesischen Reiches I (1930).
111. T. B. Webster, Von Mykene bis Homer (1960). Vgl. auch das Sammelwerk Archaeologia Homerica, hrsg. von F. Matz u. H. Buchholz (ab 1967).
112. Hdb. I, 141 ff.
113. Zu neolithischen und kupferzeitlichen Höhensiedlungen s. Hdb. II, 212. 229. 236; III, 393. 401; zu bronzezeitlichen und früheisenzeitlichen Höhensiedlungen s. W. Coblenz, Burgen der Lausitzer Kultur in Sachsen, in: Studien aus Alteuropa I, hrsg. v. R. v. Uslar/K. J. Narr (1964) 189ff.; A. Jockenhövel, Zu den urnenfelderzeitlichen Burgen in Süddeutschland (Fundber. Hessen 14, 1974, im Druck).
114. Hdb. II, 230; III, 390. 401 f.
115. Hdb. I, 135 ff.; II, 217 f.
116. Hdb. II, 198 ff., 210 ff., 218 ff.; III, 410 ff.
117. *Malthi:* M. N. Valmin, The Swedish Messenia Expedition (1938); *Vučedol:* R. R. Schmidt, Die Burg Vučedol (1945); *Zambujal:* E. Sangmeister/H. Schubart,

Madr. Mitt. 12, 1971, 11 ff.; Hdb. III, 473. 878. 920. 979; zu den slowakischen Burgen von *Barca* und *Spišský Štvrtok* s. J. Kabát, Arch. Rozhl. 7, 1955, 594 ff.; J. Vladár, ebd. 24, 1972, 21 f.; *Heuneburg:* W. Kimmig, Die Heuneburg an der oberen Donau (1968); s. auch Anm. 92.

118. Hdb. II, 206 ff.; III, 387 ff., 390 ff., 393 ff.; C. H. Kraeling/R. M. Adams (Hrsg.), City Invincible. A Symposium on Urbanization and Cultural Development in the Ancient Near East (1960); Adams, in: P. J. Ucko/R. Tringham/G. Dimbleby (Hrsg.), Man, Settlement and Urbanism (1972), 735 ff. – Zum Beginn des Städtewesens in Italien s. Müller-Karpe, Zur Stadtwerdung Roms (1962).

119. Hdb. II, 199 ff.; III, 390 ff.

120. Ovalhäuser s. Hdb. III, 412; Reihenhaus: J. Brøndsted, Nordische Vorzeit I (1960) 172; Hdb. III, 1020 (Barkaer); H. T. Waterbolk/W. v. Zeist, Palaeohistoria 12, 1966, 559 ff.; Hdb. III, 960 (Niederwil); Skara Brae s. Anm. 87; Bandkeramikhäuser s. Hdb. II, 218 ff., danach P. J. R. Modderman, Linearbandkeramik aus Elsloo und Stein (1970); Aichbühl s. Anm. 87; Ehrenstein u. Buchau s. Anm. 92; Biskupin: Z. Rajewski, Arbeitsforschber. Sächs. Bodendenkmalpfl. 11–12, 1963.

121. Vgl. F. v. Duhn, Italische Gräberkunde I (1924); U. Fischer, Die Gräber der Steinzeit im Saalegebiet (1956); J. Wiesner, Grab und Jenseits (1938); I. Pini, Beiträge zur minoischen Gräberkunde (1968); T. Özgüç, Die Bestattungsbräuche im vorgeschichtlichen Anatolien (1948); Hdb. I, 229 ff.; II, 348 ff.; III, 662 ff.

122. Vgl. Hdb. II, 349 ff. 335 ff. 361 ff.; III, 676 ff. 695 ff. 716 ff.; zur besonderen rituellen Behandlung von Kindern vgl. z. B. im früheisenzeitlichen Rom: Müller-Karpe, Zur Stadtwerdung Roms (1962) 34 ff.

123. Hdb. II, 354. 362; III, 678. 693 ff. 721 ff.

124. *Mumifizierung:* Hdb. II, 352. 359; III, 676. – *Teil- und Schädelbestattungen:* Hdb. I, 233. 239; II, 349 ff. 365; III, 718.

125. *Mehrfachbestattungen:* Hdb. I, 169. 237. 239; II, 349. 365; III, 717. – *Witwenmitbestattung:* Hdb. III, 446 f. – *Königsgräber von Ur:* C. L. Woolley, The Royal Cemetery (Ur Excav. II 1934); Hdb. III, 693 ff. 819 f.

126. Zur Kupferzeit: Hdb. III, 694 ff., 718 ff. – Zur mykenischen Kultur: J. Wiesner, Grab und Jenseits (1938) 113 ff. – Zur etruskischen Kultur: Å. Åkerström, Studien über die etruskischen Gräber (1934).

127. Hdb. II, 366 f.; III, 206 f. 342. 720; P. v. Patay, Frühbronzezeitliche Kulturen in Ungarn (1938); F. v. Duhn, Italische Gräberkunde I (1924); W. Kraiker/K. Kübler, Kerameikos I (1939) 89 ff.; Kübler, Kerameikos V (1954) 6 ff.; Müller-Karpe, Bayer. Vorgeschbl. 23, 1958, 24 ff.

128. *Kleidungsreste:* E. Vogt, Geflechte und Gewebe der Steinzeit (1937); H.-J. Hundt, Jahrb. Röm.-Germ. Zentralmus. 6, 1959, 66 ff.; 7, 1960, 126 ff.; 8, 1961, 7 ff.; 16, 1969, 59 ff.; A. Geijer/H. Ling, Die Kleider der dänischen Bronzezeit (Acta Arch. 8, 1937, 266 ff.); K. Schlabow, Germanische Tuchmacher der Bronzezeit (1937); H. C. Broholm/M. Hald, Costumes of the Bronze Age in Denmark (1940); W. La Baume, Die Entwicklung des Textilhandwerks in Alteuropa (1955).

Schmuck: I. Richter, Der Arm- u. Beinschmuck der Bronze- u. Urnenfelderzeit in Hessen u. Rheinhessen (PBF. X 1, 1970); U. Weyrauch, Die Anhänger u. Halsringe in Südwestdeutschland (PBF. XI, 1, im Druck); I. Kilian-Dirlmeier,

Die hallstattzeitlichen Gürtelbleche u. Blechgürtel in Mitteleuropa (PBF. XII, 1, 1973); dies., Die bronzezeitlichen Gürtelhaken u. Gürtelbleche in Mitteleuropa (PBF. XII, 2, 1975); F. Laux, Die Fibeln in Niedersachsen (PBF. XIV, 1, 1974); K. Kilian, Fibeln in Thessalien (PBF. XIV. 2, 1974); P. Betzler, Die Fibeln in Süddeutschland, Österreich u. d. Schweiz (PBF. XIV. 3, 1974); W. Kubach, Die Nadeln in Hessen u. Rheinhessen (PBF. XIII, 3, im Druck).

129. A. J. B. Wace, The Chamber Tombs of Mycenae (1932); E. Sprockhoff, Die germanischen Griffzungenschwerter (1931); ders., Die germanischen Vollgriffschwerter der jüngeren Bronzezeit (1934); Müller-Karpe, Die Vollgriffschwerter der Urnenfelderzeit in Bayern (1961); V. Bianco Peroni, Die Schwerter in Italien (PBF. IV, 2, 1970); P. Schauer, Die Schwerter in Süddeutschland, Österreich und der Schweiz I (PBF. IV, 2, 1971); A. Snodgrass, Early Greek Armour and Weapons (1964); S. Gabrovec, Panzergrab von Novo Mesto (Situla 1, 1960); ders., Germania 44, 1966, 44 f.; G. Jacob-Friesen, Bronzezeitliche Lanzenspitzen Norddeutschlands und Skandinaviens (1967); F. Laux, Die Bronzezeit in der Lüneburger Heide (1971) 135 ff.; G. Kossack, Südbayern während der Hallstattzeit (1959) 93 ff.

130. G. Karo, Die Schachtgräber von Mykenai (1930–1933) 173 ff. 194 ff.; *Helme:* H. Hencken, The Earliest European Helmets (1971). – *Schuhe:* Müller-Karpe, in: PBF. XX, 1 (1974) 96; ders., Das vorgeschichtliche Europa (1968) 142. – *Kronen:* Karo a.a.O. – *Szepter:* J. Werner, Pam. Arch. 52, 1961, 384 ff.; Hdb. III, 474.

131. Müller-Karpe, Das urnenfelderzeitliche Toreutengrab von Steinkirchen (Germania 47, 1969, 86 ff.); A. Jockenhövel, Urnenfelderzeitliche Barren als Grabbeigaben (Arch. Korr. Bl. 3, 1973, 23 ff.).

132. Hdb. III, 698 ff., 723 ff.; M. P. Nilsson, The Minoan-Mycenaean Religion ²(1950) 289 ff.; F. Matz, Göttererscheinung und Kultbild im minoischen Kreta (1958); G. Kossack, Studien zum Symbolgut der Urnenfelder- und Hallstattzeit Mitteleuropas (1954).

133. Hdb. III, 672 ff. 705 ff.; Å. Åkerström, Studien über die etruskischen Gräber (1934); W. Krämer, Neue Beobachtungen zum Grabbrauch der mittleren Hallstattzeit in Südbayern (Bayer. Vorgeschbl. 18–19, 1951–1952, 152 ff.); H. Zürn, Hallstattforschungen in Nordwürttemberg (1970); G. Kossack, Gräberfelder der Hallstattzeit an Main und fränkischer Saale (1970) 139 ff.

134. Hdb. III, 685 ff. 703 ff. 735 ff.; M. P. Nilsson, The Minoan-Mycenaean Religion ²(1950) 585 ff.; G. E. Mylonas, The Cult of the Dead in Helladic Times, in: Robinson Studies I (1951) 64 ff.; I. Pini, Beiträge zur minoischen Gräberkunde (1968) 28 ff.

135. S. Morenz, Ägyptische Religion (1960); H. Bonnet, Reallexikon der ägyptischen Religionsgeschichte (1952); Hdb. III, 605 ff.; A. Parrot, Sumer (1960); ders., Assur (1961); Hdb. III, 620 ff.; A. Goetze, Kleinasien (1957) 161 ff.; Hdb. III, 635 ff.

136. H. Berve/G. Gruben, Griechische Tempel und Heiligtümer (1961); G. Wissowa, Religion und Kultus der Römer ²(1925) 125 ff.; G. Lugli, Roma Antica (1946) 19 ff.; J. D. Evans, The Prehistoric Antiquities of the Maltese Islands (1971); Hdb. III, 647 ff.; S. Piggott, The Neolithic Cultures of the British Isles (1954) 352 ff.; Hdb. III, 657 ff.; W. Hülle, Die Steine von Carnac (1942); ders., Steinmale der Bretagne (1967); W. Krämer, Prähistorische Brandopferplätze (in:

Helvetia Antiqua, Festschrift E. Vogt, 1966, 111 ff.); Hdb. III, 644 ff. und I, 226 ff. 242 ff.

137. C. J. Becker, Aarbøger 1947, 270 ff.; H. Jankuhn, Moorfunde in: W. Krämer (Hrsg.), Neue Ausgrabungen in Deutschland (1958) 243 ff.; Jankuhn (Hrsg.), Vorgeschichtliche Heiligtümer und Opferplätze in Mittel- und Nordeuropa (1970); W. Torbrügge, 51.–52. Ber. Röm.-Germ. Komm. 1970–1971; W. Kubach, Die Nadeln in Hessen und Rheinhessen (PBF. XIII, 3, im Druck); F. Geschwendt, Der vor- und frühgeschichtliche Mensch und die Heilquellen (1972); Hdb. III, 656f.

138. S. Francesco in Bologna: O. Montelius, Civilisation primitive en Italie I (1895) Taf. 66–72; Guşteriţa (Hammersdorf): F. Holste, Hortfunde Südosteuropas (1951) Taf. 24–27; M. Petrescu-Dîmboviţa, Die Sicheln in Rumänien (PBF. XVIII, 1, im Druck).

139. J. Brøndsted, Nordische Vorzeit I (1960) 198 ff. 239; C. J. Becker, Acta Arch. 23, 1952, 31 ff.; E. Lomborg, Die Flintdolche Dänemarks (1973) 197 f. – Zu Tongefäßdepots, s. Hdb. III, 924. 926; K. Willvonseder, Die mittlere Bronzezeit in Österreich (1937) 366; C. Eibner, Arch. Austr. 46, 1969, 19 ff.

140. H.-J. Hundt, Versuch zur Deutung der Depotfunde der nordischen jüngeren Bronzezeit (Jahrb. Röm.-Germ. Zentralmus. 2, 1955, 95 ff.); W. A. v. Brunn, Mitteldeutsche Hortfunde der jüngeren Bronzezeit (1968) 230 ff.; G. Jacob-Friesen, Depotfund aus der Normandie (Germania 46, 1968, 272 ff.); R. v. Uslar, Der Musterkoffer von Koppenow (Präh. Zschr. 34–35, 1949–1950, Tl. 1, 147 ff.); E. Sprockhoff, Jungbronzezeitliche Hortfunde der Südzone des Nordischen Kreises (1956) I, 4 ff.; H.-E. Mandera, Zur Deutung der späturnenfelderzeitlichen Hortfunde in Hessen (Fundber. aus Hessen 12, 1972, 97 ff.).

141. J. Andree, Bergbau in der Vorzeit (1922); M. Jahn, Der älteste Bergbau in Europa (1960); K. Lindner, Jagd der Vorzeit (1937); Hdb. I, 147 ff.; II, 240 ff.; E. Preuschen/R. Pittioni, Untersuchungen im Bergbaugebiete Kelchalpe b. Kitzbühel, Tirol (Mitt. Prähist. Komm. Wien 1937).

142. H. Kühn, Die Felsbilder Europas (1952); L. Frobenius/H. Obermaier, Hádschra Máktuba, Felsbilder Kleinafrikas (1925); Frobenius, Ekade Ektab, Felsbilder Fezzans (1937); P. Graziosi, L'arte rupestre della Libia (1942); Hdb. I, 193 ff.; II, 308 ff. 322 ff.; III, 601 ff.; O. Almgren, Nordische Felszeichnungen als religiöse Urkunden (1934), G. Hallström, Monumental Art of Northern Europe (1938); C. A. Althin, Studien zu den bronzezeitlichen Felszeichnungen von Skåne (1945).

143. Vgl. Müller-Karpe, Gefälschte Bronzeschwerter (Germania 38, 1960, 136 ff.); A. Rieth, Vorzeit gefälscht (1967); H. Otto, Arbeiten Inst. Vor- u. Frühgesch. Univ. Halle 8, 4/5, 1958–59, 203 ff.

144. D. Brothwell/E. Higgs/G. Clark, Science in Archaeology [2](1969).

145. G. Heberer (Hrsg.), Menschliche Abstammungslehre, Fortschritte der Anthropologie 1863–1964 (1965); H. Weinert, Menschen der Vorzeit[2] (1947); G. H. R. v. Koenigswald (Hrsg.), Hundert Jahre Neanderthaler (1958); ders., Die Geschichte des Menschen[2] (1968); I. Schwidetzki (Hrsg.), Die neue Rassenkunde (1962); V. Saller, Art- und Rassenlehre des Menschen (1949); H. Grimm, Altern, Lebensdauer, Krankheit und Tod bei vorgesch. u. frühgesch. Bevölkerungsgruppen (Wiss. Ann. 3, 1956, 171 ff.); J. Nemeskéri, Die archäologischen und anthropologischen Voraussetzungen paläodemographischer Forschungen (Präh.

Zschr. 47, 1972, 5 ff.); Chr. Müller, Methodisch-kritische Betrachtungen zur anthropologischen Untersuchung von Leichenbränden (ebd. 42, 1964, 1 ff.).

146. P. Woldstedt, Das Eiszeitalter, 3 Bde. (1954–65); J. Büdel, Die Gliederung der Würmkaltzeit (1960); F. Brandtner, Eiszeitalter u. Gegenw. 4–5, 1954, 49 ff.; ebd. 7, 1956, 127 ff.; B. Frenzel, Die Vegetations- und Landschaftszonen Nordeurasiens während der letzten Eiszeit und während der postglazialen Wärmezeit (1959–1960); R. Grahmann, Das Eiszeitalter und der Übergang zur Gegenwart (1952); K. Brunnacker, Die Geschichte der Böden im Jüngeren Pleistozän in Bayern (1957); Hdb. I, 112 ff. 125 ff. 147 ff.

147. K. W. Butzer, Studien zum vor- und frühgeschichtlichen Landschaftswandel der Sahara, 3 Bde. (1958. 1959); J. P. Bakker, Küstenentwicklung und prähistorische Besiedlung in den Niederlanden (Sitzber. Phys. Med. Soc. Erlangen 78, 1955–57, 102 ff.); J. Fink, Die Veränderungen der Böden in der Kulturlandschaft (Mitt. Österr. Geogr. Ges. 1963, 511 ff.); B. Sielmann, Der Einfluß der Umwelt auf die neolithische Besiedlung Südwestdeutschlands (Acta Praeh. Arch. 2, 1971, 65 ff.).

148. V. Toepfer, Tierwelt des Eiszeitalters (1963); H.-D. Kahlke, Großsäugetiere im Eiszeitalter (1955); F. E. Zeuner, Geschichte der Haustiere (1967); Symposion zur Domestikation und Frühgesch. d. Haustiere (Zschr. Tierzüchtung u. Züchtungsbiologie 76, 1961; 77, 1962). – Besonders hervorzuheben sind die Forschungen und Publikationen des unter Leitung von J. Boessneck stehenden Instituts für Palaeoanatomie, Domestikationsforschung und Geschichte der Tiermedizin der Univ. München. – K. u. F. Bertsch, Geschichte unserer Kulturpflanzen[2] (1949); E. Schiemann, Weizen, Roggen, Gerste (1948); W. v. Stockar, Die Urgeschichte des Hausbrotes (1951). – Im Röm.–Germ. Zentralmuseum Mainz arbeitet eine Forschungsstelle für prähistorische Pflanzenreste (M. Hopf, vgl. deren Berichte im Jahrb. des Röm.–Germ. Zentralmus. 4, 1957, 1 ff.; 9, 1962, 1 ff.; 12, 1965, 183 f.; 10, 1963, 200 ff.; 16, 1969, 169 ff.).

149. Zu *spektralanalytischen Metalluntersuchungen* s. S. Junghans, 34. Ber. Röm.-Germ. Komm. 1951–1952, 77 ff.; ders., Germania 46, 1968, 1 ff.; ders./Sangmeister/Schröder, Studien zu den Anfängen der Metallurgie I (1960); II (1968–74); R. Pittioni, Urgeschichtlicher Bergbau auf Kupfererz und Spurenanalyse (1957). – Zu *Röntgen- und anderen technischen Untersuchungen* (dafür besteht in Röm.–Germ. Zentralmus. Mainz ein besonderes Laboratorium): H.-J. Hundt, Jahrb. Röm. Germ. Zentralmus. 12, 1965, 41 ff.; 10, 1963, 182 ff.; 16, 1969, 17 ff.; 18, 1971, 1 ff.; Vgl. auch H. Drescher, Der Überfangguß (1958).
Zu *Dünnschliffuntersuchungen:* W. Buttler, Germania 19, 1935, 193 ff.; Perlman/Asaro, Archaeometrie 13, 1971, 169 ff. – Zur *Jahresringforschung* (Dendrochronologie), s. B. Huber, Holz als Roh- und Werkstoff 6, 1944, 263 ff.; ders./W. v. Jazewitsch, Flora 146, 1958, 445 ff.; Huber/W. Merz, Germania 41, 1963, 1 ff.

IV. Chronologie

150. Hdb. I, 112 ff.

151. Hdb. I, 39 ff.

152. W. Adrian, Zur Frage der norddeutschen Eolithen (1948); A. Rust, Artefakte aus der Zeit des Homo heidelbergensis in Süd- und Norddeutschland (1956).

153. Ed. Meyer, Geschichte des Altertums I, 2^5 (1926); A. H. Gardiner, Geschichte des alten Ägypten (1965); F. Schmidtke, Der Aufbau der babylonischen Chronologie (1952); A. Goetze, Kleinasien (1957) 84; Hdb. II, 37 ff.; III, 15 ff.

154. Hdb. III, 89 ff.

155. R. W. Ehrich (Hrsg.), Chronologies in Old World Archaeology (1965); Hdb. II, 55 ff.

156. O.-H. Frey, Zu den „rhodischen" Bronzekannen aus Hallstattgräbern (Marburger Winkelmann-Programm 1963, 18 ff.); R. Joffroy, Le trésor de Vix (1954); W. Kimmig/O. W. v. Vacano, Zu einem Gußform-Fragment einer etruskischen Bronzekanne von der Heuneburg (Germania 51, 1973, 72 ff.); Kimmig, ebd. 49, 1971, 40 ff.; I. Strøm, Problems Concerning the Origin and Early Development of Etruscan Orientalizing Style (1971); F. Fischer, Germania 51, 1973, 436ff. Zur Verbreitung mykenischer Keramik s. Anm. 174.

157. R. Ehrich (Hrsg.), Chronologies in Old World Archaeology (1965); Hdb. II, 55 ff.; III, 89 ff.

158. Hdb. III, 104 ff.

159. Zu den neolithischen Tellsiedlungen Europas: V. Milojčić, Chronologie der jüngeren Steinzeit Mittel- und Südosteuropas (1949); Hdb. II, 85 ff. – Zur minoischen Stufenfolge: A. Evans, The Palace of Minos at Knossos, 4 Bde. (1921–1935). – Zur helladischen Stufenfolge: C. Blegen, Zygouries (1928); J. L. Caskey, in: Cambr. Anc. Hist.[3] I. 2 (1971) 771 ff. – Zur Abfolge der submykenischen, protogeometrischen und geometrischen Stufen Griechenlands s. Jb. Dtsch. Arch. Inst. 77, 1962, 59 ff.

160. Hdb. II, 495. 514; III, 907. 925 f. 958 ff.

161. Arene Candide: L. Bernabò Brea, Gli scavi nella caverna delle Arene Candide, 2 Bde. (1946–1956); Hdb. II, 513; Grotta della Chiusazza: S. Tiné, Bull. Paletn. Ital. 69–70, 1960–1961, 117 ff.; 74, 1965, 123 ff.; Hdb. III, 904 f.

162. G. Mildenberger, Studien zum mitteldeutschen Neolithikum (1953); U. Fischer, in: Festschr. Röm. Germ. Zentralmus. 1952 III (1953) 161 ff.; C. J. Becker, Acta Arch. 25, 1954, 67 ff.; Hdb. III, 194 ff. 335 ff.; K. Kersten, Zur älteren nordischen Bronzezeit (1936).

163. Hdb. III, 148. 291. 310. 327.

164. *Bologna:* P. Ducati, Storia di Bologna I (1928); *Kelheim:* Müller-Karpe, Das Urnenfeld von Kelheim (1952); *Pianello:* R. Peroni, Arch. Anz. 1963, 361 ff.; *Armant:* W. Kaiser, Arch. Geogr. 5–6, 1956–1957, 69 ff.; Hdb. II, 398 f. Taf. 18 C; *Praia das Maçãs:* L. Monteagudo, Madr. Mitt. 7, 1966, 61 ff.; Hdb. III, 976 f. Taf. 554, A.

165. Müller-Karpe, Beiträge zur Chronologie der Urnenfelderzeit nördlich u. südlich der Alpen (1959) 80 ff. 154. 162; ders., Jb. Dtsch. Arch. Inst. 77, 1962, Abb. 3 nach S. 114; ders., Zur Stadtwerdung Roms (1962) Taf. 44.

166. Z. B. bei der griechischen Keramik mykenischer, submykenischer, protogeometrischer, geometrischer und orientalisierender Art: s. A. Furumark, Mycenaean Pottery (1941); ders., The Chronology of Mycenaean Pottery (1941); W. Kraiker/K. Kübler, Kerameikos I (1939); Kübler, dass. IV (1943); V (1954).

167. Ed. Meyer, Geschichte des Altertums I, 2^5 (1926) 169 ff.; ders., Ägyptische Chronologie (1904); R. A. Parker, The Calendars of Ancient Egypt (1950); Hdb. II, 37 f.; III, 15 ff.

168. T. J. Dunbabin, The Western Greeks (1948); A. Furumark, The Chronology of Mycenaean Pottery (1941); Müller-Karpe, Beiträge zur Chronologie der Urnenfelderzeit (1959); R. Hachmann, Die frühe Bronzezeit im westlichen Ostseegebiet und ihre mittel- und südosteuropäischen Beziehungen (1957); V. Milojčić, Chronologie der jüngeren Steinzeit Mittel- und Südosteuropas (1949); Hdb. III, 263 ff.

169. Die Methode wurde entwickelt von G. de Geer; vgl. de Geer, Geochronologia Suecica Principles (1940); Hdb. I, 114.

170. Die Methode wurde entwickelt von W. F. Libby; vgl. ders., Radiocarbon Dating[2] (1955); K. O. Münnich, Germania 36, 1958, 145 ff.; H. Willkomm, ebd. 48, 1970, 98 ff. – Kritisch dazu V. Milojčić, Germania 35, 1957, 102 ff.; ebd. 36, 1958, 409 ff.; ebd. 39, 1961, 434 ff.

V. Chorologie

171. H. Ottenjann, Die nordischen Vollgriffschwerter der älteren und mittleren Bronzezeit (1969); B.-U. Abels, Die Randleistenbeile in Baden-Württemberg, dem Elsaß usw. (PBF. IX, 4, 1972); A. Jockenhövel, Die Rasiermesser in Mitteleuropa (PBF. VII, 1, 1971); I. Richter, Der Arm- und Beinschmuck der Bronze- und Urnenfelderzeit in Hessen und Rheinhessen (PBF. X, 1, 1970); I. Kilian-Dirlmeier, Die hallstattzeitlichen Gürtelbleche und Blechgürtel Mitteleuropas (PBF. XII, 1, 1972) 110 ff.; F. Laux, Die Fibeln in Niedersachsen (PBF. XIV, 1, 1973) 52 ff.; P. Betzler, Die Fibeln in Süddeutschland, Österreich und der Schweiz I (PBF. XIV, 3, 1974).

172. A. Stroh, Die Rössener Kultur in Südwestdeutschland (28. Ber. Röm.–Germ. Komm. 1938); I. Bognár-Kutzián, The Early Copper Age Tiszapolgár Culture in the Carpathian Basin (1972); J. Preuß, Die Baalberger Gruppe in Mitteldeutschland (1966); M. Buchvaldek, Schnurkeramik (Pam. Arch. 57, 1966, 126ff.); F. Holste, Die Bronzezeit im nordmainischen Hessen (1939); ders., Die Bronzezeit in Süd- und Westdeutschland (1953); K. H. Wagner, Nordtiroler Urnenfelder (1943); F.–R. Herrmann, Die Funde der Urnenfelderkultur in Mittel- und Südhessen (1966) 36 ff.; Hdb. II, 267 ff.; III, 484 ff.

173. F. Wiegers, Diluviale Vorgeschichte des Menschen (1928); Hdb. I, 181 ff.

174. *Obsidian:* J. R. Cann/C. Renfrew, Proc. Preh. Soc. 30, 1964, 111 ff. Hdb. II, 268 ff. – *Callais:* A. M. Muñoz Amilibia, La Cultura neolítica Catalana de los Sepulcros de fosa (1965) 248 ff. – *Bernstein:* A. Hedinger, Die vorgeschichtlichen Bernsteinartefakte und ihre Herkunft (1903); J. M. de Navarro, Prehistoric Routes between Northern Europe and Italy, defined by the Amber Trade (Geogr. Journ. 66, 1925); K. Schwochau/Th. E. Haevernick/D. Ankner, Jb. Röm.–Germ. Zentralmus. 10, 1963, 171 ff.; T. Malinowski, Präh. Zschr. 46, 1971, 102 ff. – *Metall:* H. Otto/W. Witter, Hdb. d. ältesten vorgeschichtl. Metallurgie in Mitteleuropa (1952); Witter, Die Kenntnis von Kupfer und Bronze in der Alten Welt (1938); A. Lucas, Ancient Egyptian Materials and Industries [4](1962). – Verbreitung von *mykenischer Keramik:* F. H. Stubbings, Mycenaean Pottery from the Levant (1951); W. Taylour, Mycenaean Pottery in Italy (1958). – Zum *südländi-*

schen Import der Hallstattkultur: W. Kimmig, Arch. Anz. 1964, 468 ff.; H.-V. Herrmann, Germania 44, 1966, 82 ff.

175. W. Kubach, Jber. Inst. Vorgeschichte Univ. Frankfurt 1974, 29 ff.; F. Laux a.a.O. 55 ff.; ders., Die Bronzezeit in der Lüneburger Heide (1971); H. Schubart, Die Funde der älteren Bronzezeit in Mecklenburg (1972); I. Kilian-Dirlmeier a.a.O. 124 ff.; P. Betzler a.a.O.; G. Kossack, Südbayern während der Hallstattzeit (1959) 99 ff.; W. A. von Brunn, Zur Nordgrenze der Lausitzer Kultur (Präh. Zschr. 38, 1960, 72 ff.); H. Zürn, Hallstattforschungen in Nordwürttemberg (1970) 110 ff.

176. V. Bianco Peroni, Die Schwerter in Italien (PBF. IV, 1, 1970); P. Schauer, Die Schwerter in Süddeutschland, Österreich und der Schweiz I (PBF. IV, 2, 1971); G. Kossack, Südbayern während der Hallstattzeit (1959) 93 ff.

177. H. Schickler, Die Dolchstäbe in Europa (vorgesehen für PBF. VI). – Zu Streitäxten aus Stein: J. E. Forssander, Die schwedische Bootaxtkultur (1933); K. H. Brandt, Studien über steinerne Äxte und Beile der jüngeren Steinzeit und der Stein-Kupferzeit Nordwestdeutschlands (1967); zu kupfernen und bronzenen Streitäxten: G. Jacob-Friesen, in: Kunde NF. 21, 1970, 20 ff.; A. Vulpe, Die Äxte und Beile in Rumänien I (PBF. IX, 2, 1970); II (PBF. IX, 4, 1975). – Zu den Mikrolithen s. Hdb. II, 257 f.

178. *Helme:* G. v. Merhart, 30. Ber. Röm. Germ. Komm. 1940, 4 ff. – *Panzer:* ders., in Origines (Baserga-Festschrift 1954) 33 ff. – *Beinschienen:* ders., 37.–38. Ber. Röm. Germ. Komm. 1956–1957, 91 ff.; diese drei Beiträge vereint in: v. Merhart, Hallstatt und Italien (1969) 111 ff. – Vgl. allgemein: Müller-Karpe, Germania 40, 1962, 255 ff.; ders., Jahrb. Dtsch. Arch. Inst. 77, 1962, 116 f.

179. H. Schäfer, Von ägyptischer Kunst[4] (1963); W. Wolf, Die Kunst Ägyptens (1957); A. Moortgat, Die Kunst des alten Mesopotamien (1967); H. Kühn, Die vorgeschichtliche Kunst Deutschlands (1935); ders., Die Kunst Alteuropas (1954); C. Zervos, L'art des Cyclades (1957); V. Dumitrescu, L'art néolithique en Roumanie (1968); F. A. v. Scheltema, Die altnordische Kunst (1924); F. Matz, Geschichte der griechischen Kunst I (1950); Å. Åkerström, Der geometrische Stil in Italien (1943); O. Menghin, in: Hdb. d. Archäologie II (1954) 5 ff.; Müller-Karpe, Das vorgeschichtliche Europa (Kunst der Welt, 1968, 1973); Hdb. II, 270 ff.; III, 480 ff. 548 ff.

180. H. Schickler, Aufnahme und Ablehnung der Metallurgie bei frühbronzezeitlichen Kulturen Europas (Germania 46, 1968, 11 ff.); O. Uenze, Die frühbronzezeitlichen triangulären Vollgriffdolche (1938); H.-J. Hundt, Jb. Röm.-Germ. Zentralmus. 18, 1971, 1 ff.; K. Spindler, Zur Herstellung der Zinnbronze in der frühen Metallurgie Europas (Acta Praeh. Arch. 2, 1970, 207 ff.); Hdb. I, 174 ff. 180 ff.; II, 254 ff.; III, 426 ff.

181. F. Schlette, in: Siedlung, Burg und Stadt (Festschr. f. P. Grimm [1969] 11 ff.); H. Behrens, Die Jungsteinzeit im Mittelelbe-Saale-Gebiet (1973) 180 ff.; G. Kossack, Südbayern während der Hallstattzeit (1959) 57 ff.; H. Zürn, Hallstattforschungen in Nordwürttemberg (1970); Hdb. II, 218 ff. (Bandkeramikkultur); 237 ff. (Tripolje-Kultur); J. Graham, The Palaces of Crete (1962); S. Sinos, Vorklassische Hausformen in der Ägäis (1971); Hdb. III, 405.

182. U. Fischer, Gräber der Steinzeit im Saalegebiet (1956); Hdb. I, 182 ff.; III, 482 ff. 705 ff. 716 ff. 722 ff.; W. Ruckdeschel, Geschlechtsdifferenzierte Bestattungs-

sitten in frühbronzezeitlichen Gräbern Südbayerns (Bayer. Vorgeschbl. 33, 1968, 18 ff.); J. Paulík, Slov. Arch. 8, 1960, 59 ff. (Čaka-Facies); J. Böhm, Základy hallstattské periody v Čechách (1937) (Verhältnis der Knovízer zur Milavčer Facies); H. J. Eggers, Arch. Geogr. 1, 1950, 1 ff. (Nordischer und Lausitzer Kreis der mittleren Bronzezeit); Müller-Karpe, Beiträge zur Chronologie der Urnenfelderzeit nördlich und südlich der Alpen (1959) 71 f. (Mittelitalische Früheisenzeit); F. Dvořák, Wagengräber der älteren Eisenzeit in Böhmen (1938); H. Zürn, Hallstattforschungen in Nordwürttemberg (1970) 118 ff.

183. Hdb. II, 295 ff.; III, 548 ff. 723 ff.; G. Kossack, Studien zum Symbolgut der Urnenfelder- und Hallstattzeit Mitteleuropas (1954); E. Sprockhoff, Nordische Bronzezeit und frühes Griechentum (Jb. Röm.-Germ. Zentralmus. 1, 1954, 28ff.).

184. *Ägypten:* J. Vandier, Manuel d' archéologie égyptienne II (1954–1955); *Mesopotamien:* H. Frankfort, The Art and Architecture of the Ancient Orient (1954); Hdb. III, 512 ff.; *Hethiter:* R. Naumann, Architektur Kleinasiens ²(1971); *Malta:* J. D. Evans, The prehistoric Antiquities of the Maltese Islands (1971); Hdb. III, 170 ff. 522 f. 647 ff.; *Minoische Bergheiligtümer:* Hdb. III, 644 f.; *Henge-Rotunden:* S. Piggott, The Neolithic Cultures of the British Isles (1954) 352 ff.; Hdb. III, 657 ff.; *Griechische Tempel:* H. Berve/G. Gruben, Griechische Tempel und Heiligtümer (1961); *Mooropfer der Trichterbecherkultur:* C. J. Becker, Aarbøger 1947, 10 ff. 270 ff.; Hdb. III, 656; *Brandopferplätze* Süddeutschlands und des Alpengebietes: W. Krämer, in: Helvetia Antiqua (Festschr. E. Vogt 1966) 111 ff.; *Depotgruppen:* H.-J. Hundt, Jb. Röm.-Germ. Zentralmus. 2, 1955, 95 ff.

185. *Mykenischer Kreis:* V. R. d'A. Desborough, The Last Mycenaeans and their Successors (1964); P. Ålin, Das Ende der mykenischen Fundstätten auf dem griechischen Festland (1962). – *Straubinger Kreis:* P. Reinecke, in: Schumacherfestschrift (1930) 107 ff.; F. Holste, Die Bronzezeit in Süd- und Westdeutschland (1953). – *Ältere Urnenfelderkultur:* Holste, Bayer. Vorgeschbl. 13, 1936, 1 ff.; ders., Bronzezeit (1953). *Kimmerische Zerstörungen:* K. Bittel, Grundzüge der Vor- und Frühgeschichte Kleinasiens ²(1950) 90 ff.; Vgl. auch Holste, Wien. Präh. Zschr. 27, 1940, 7 ff.

186. Müller-Karpe, Jber. Inst. Vorgeschichte Univ. Frankfurt 1973, 23 ff.; F. Laux, ebd. 1974, 22 ff.; W. Kubach, ebd. 1974, 29 ff.

Register

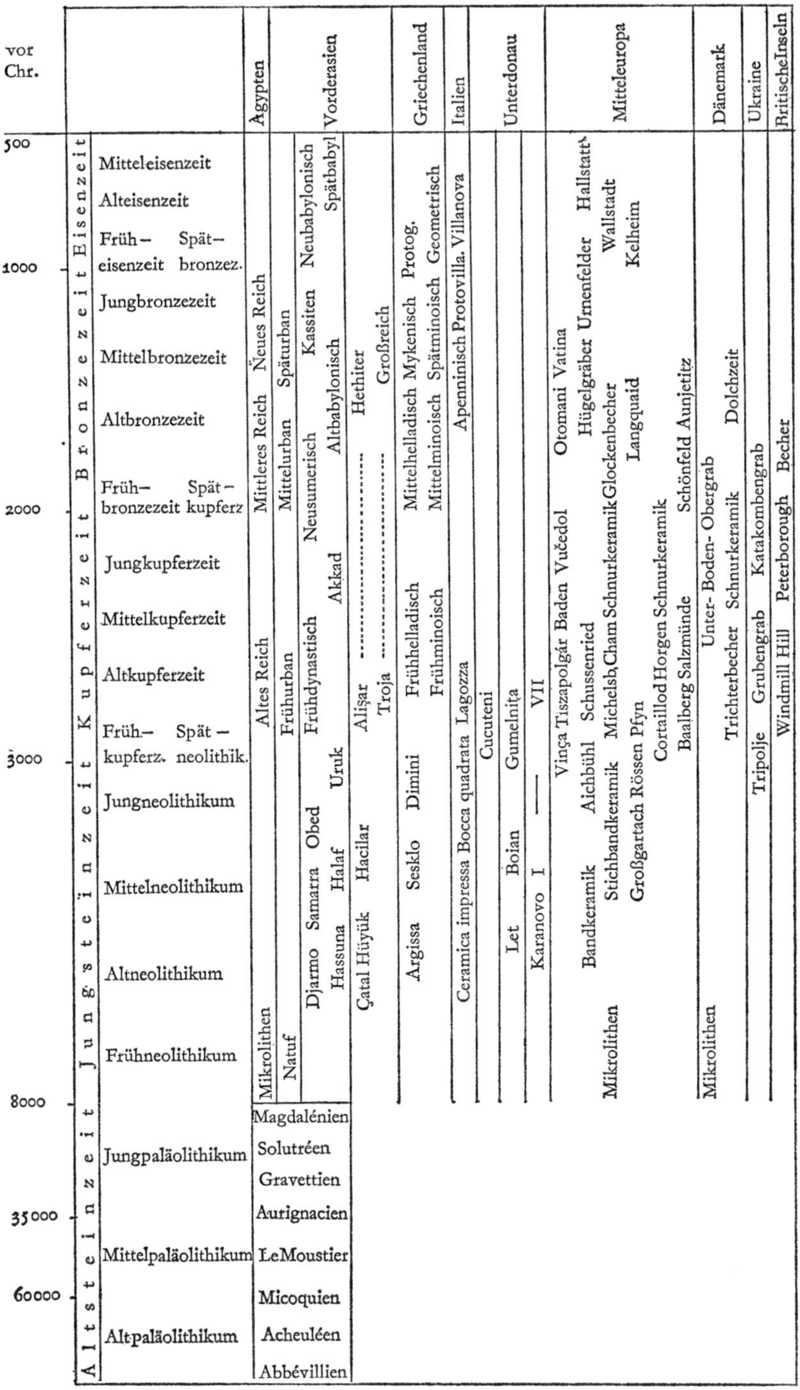

Systematische Anordnung der im Text enthaltenen chronologischen Begriffe

Hermann Müller-Karpe
Handbuch der Vorgeschichte

Band 1: Altsteinzeit

1966. XI, 391 Seiten und 274 Tafeln. Leinen.

Band 2: Jungsteinzeit

Text- und Tafelband. 1968. XIII, 612 Seiten.
XV, 6 Tabellen und 327 Tafeln. Leinen.

Band 3: Kupferzeit

In drei Teilbänden: Text, Regesten, Tafeln. 1974. XIX, 1095 Seiten mit 746 Tafeln und 10 Fundortkarten. Leinen.

In Vorbereitung: Band 4 – Bronzezeit. Band 5 – Früheisenzeit.

Das Handbuch der Vorgeschichte soll eine zusammenfassende Darstellung der frühen Menschheitsgeschichte von ihren Anfängen bis zum Ausklang der ältesten Hochkulturen in der ersten Hälfte des letzten vorchristlichen Jahrtausends bieten.

Der erste Band – *Altsteinzeit* – behandelt die Zeitspanne von den ältesten sicheren Zeugnissen menschlicher Geräteherstellung bis zum Ende des Eiszeitalters (9. Jahrtausend v. Chr.), der zweite Band – *Jungsteinzeit* – die Entwicklung von den Anfängen von Seßhaftigkeit und bäuerlicher Lebensweise im frühen Nachpleistozän (8. Jahrtausend v. Chr.) bis zum Beginn der Hochkulturen in Ägypten und Mesopotamien am Anfang des 3. Jahrtausends v. Chr. sowie die zeitlich entsprechenden Erscheinungen außerhalb dieser Kulturzentren, der dritte Band – *Kupferzeit* – die Zeitspanne etwa vom 27. bis zum 17. Jahrhundert v. Chr., die in Ägypten durch das Alte und Mittlere Reich, in Mesopotamien durch die frühdynastische, akkadische, neusumerische und altbabylonische Stufe, in Europa im wesentlichen durch die Megalithkulturen verkörpert wird.